«Ich will das dazwischen. Die Neugierde ohne den Zwang, alles verstehen zu müssen. Die Leichtigkeit, ohne den Boden zu verlieren. Ich will Regeln, die meine sind und sich trotzdem anfühlen, als seien sie verbindlich, als seien sie *richtige* Regeln. Ich will, dass sich mein Weg nicht verzweifelt individuell anfühlt, sondern nach *einem* Weg von vielen.»

Tobi Katze, geboren 1981, schreibt Kurzgeschichten, Essays, Gedichte und Drehbücher. 2009 schloss er sein Studium der Literatur und Kulturwissenschaften ab. Seit mehr als zehn Jahren tritt er auf Poetry-Slams und Lesebühnen auf. 2007 gewann er den LesArt-Preis der jungen Literatur und 2014 den Bielefelder Kabarettpreis für sein erstes Bühnenprogramm «rocknrollmitbuchstaben». Sein Buch «Morgen ist leider auch noch ein Tag», in dem er selbstironisch und ehrlich über sein Leben mit Depressionen schreibt, war ein Bestseller.

INHALT

FÜR MEINE ELTERN,
weil ich nie jemand
anders sein musste.

HELLGRAU REGNEN DIE TAGE

Das Telefon klingelt. Seit sieben Jahren klingelt das Telefon. Jeden Tag, jeden Morgen, jeden Abend klingelt das Telefon. Und nie ist es für mich. Vor sieben Jahren habe ich Frau Marienthal das letzte Mal gesprochen.

«Frau Liebling, ich habe da was für Sie», hat sie damals gesagt. «Strateria-Versicherung. Etwas ganz Solides. Leichte Schreibarbeiten, für den Einstieg. Und dann: Training on the job. Das wäre doch was.»

Ein Job. Mein Job jetzt. Nicht mehr Schriftstellerin, sieben Jahre bin ich das jetzt schon nicht mehr. Es fühlt sich nicht mehr komisch an, etwas ganz anderes zu tun. Sieben Jahre sind genug dafür, dass sich nichts mehr komisch anfühlt oder fremd oder unbefriedigend. Sieben Jahre Strateria-Versicherung, geborgen unter dem geschwungenen Strateria-S, das blattgrüne Haus, wie sie das Logo gerne nennen.

«Ist doch super, Henni», hat mein Bruder gesagt. «Versicherung. Das ist was mit Zukunft. Den Leuten wird schließlich immer etwas Furchtbares passieren.»

An dem Tag hat er mir Janka vorgestellt, mit ihrem kleinen Würmchen im Arm, frisch geschieden war sie und so wunderschön. Flipps und Janka und ihre kleine Marie, die nicht von ihm ist, sondern von jemand, der sie nicht verdient, sagt er.

Letztens haben sie sich verlobt. Es ist ein ganz wundersam schöner Traum, den die beiden mit der Kleinen da leben. Ganz selten noch schrecke ich hoch, als wäre ich gerade erst erwacht. Die Kollegen wissen es nicht. Nur ein, zwei haben mich vor einigen Jahren in einer Buchhandlung stehen sehen und am nächsten Tag darauf angesprochen. Ich weiß es nicht mehr genau. Auf einem Büchertisch haben sie mich stehen sehen. Obwohl sie nicht mehr *mich* dort gesehen haben, nur noch ein Buch, das ich geschrieben habe. Die Zeiten, in denen man sagte, man habe *mich* dort stehen sehen, zwischen all den anderen Büchern, die sind so lange her. Gott, nicht einmal ich selbst sage das noch so. Die Zeit, in der mein Buch und ich noch dasselbe waren, das alles, das Schreiben und Sein und Fiebern, das ist alles so lange her.

Das Telefon klingelt. Jeden Tag klingelt das Telefon, seit sieben Jahren jeden Tag, jeden Morgen, jeden Abend klingelt das Telefon über meinen aufgeräumten hellgrauen Schreibtisch hinweg. Manchmal erwische ich mich dann dabei, wie ich stöbere in meinem Kopf und den Gedanken, die ich früher mal hatte, und dann lächle ich. Und dann überlege ich, ob ich Ralf anrufen sollte und ob er sich wohl noch erinnern könnte an mich, an Henriette, die immer viel zu lange Sätze schrieb und keine Ahnung hatte, wo die Kommas hingehören. Aber ehrlich gesagt habe ich meist Besseres vor, abends, wenn ich nach Hause komme und froh bin, dass das Telefon nicht mehr klingelt und ich keine Tastatur mehr sehen muss und Geschäftsbriefe und Hotelbuchungen. Wenn ich Feierabend habe. Dann ist da mein Mattes und Tüte, der dusseligste Labrador, den ich finden konnte, und wir sitzen auf der Couch und erzählen von unseren Tagen, und Tüte hat sich ausgestreckt über meine Oberschenkel und atmet warm, und dann essen wir Pasta zu Abend, nicht mehr Nudeln.

«Henriette. Kaffeepäuschen?»

Elka lässt ihre Fingerspitzen auf meinen Tisch tropfen, im Vorübergehen ein flüchtiges Trommeln. Sie will Richtung Teeküche, in ihrem grauen, zierlichen Kostüm mit den goldenen Streifen schwebt sie beinahe, gradlinig und aufrecht. Fünfzig ist sie, und ihre Haut hat offenbar vierzig davon in der Sonne gelegen. Sie ist ein einziger Vordergrund in ihrer vehementen Präsenz, scheint nie mit Hintergründen zu verschwimmen. Und es ist einzig ihre Sprache, die ihrem Wesen weiche Kurven verleiht. Kaffeepäuschen.

Ich trotte hinterher und fische eine Tasse aus dem Spülbecken, lasse Wasser darüberprasseln, gerade lang genug, um mir selbst zu glauben, dass das jetzt meine Tasse sei. Dann schenke ich uns Kaffee ein.

«Milch?», fragt Elka.

«Ja», sage ich.

Wir stehen uns gegenüber, Elka an die Arbeitsplatte, ich an eine Wand unserer schummrigen Teeküche gelehnt, und rühren in unseren Kaffeetassen, ohne dass eine von uns beiden Zucker darin hätte.

«Alles gut oben?», frage ich, weil man irgendwann halt so etwas fragt. Bevor man schweigt.

«Chefchen hat wieder Panik. Und schlechte Laune», murmelt Elka. «Wir hängen hinterher. Hat heute früh wohl auf den Deckel bekommen. Und jetzt», ein leichtes Zischen schleicht sich durch ihre Zähne, untermalt ihr süffisantes Lächeln, «und jetzt sind wir halt ‹schuld›. Der tritt völlig blind nach unten und merkt gar nicht, dass die das oben sehen. Man muss schon bescheuert sein, auf das morsche Holz einzutreten, das einen trägt.»

«Guter Spruch», murmle ich.

«Hat mir das letzte Chefchen immer ganz stolz aufgesagt. Und sich auch nicht dran gehalten. Sei mal froh, dass du mit Chefchen nicht so viel zu tun hast. Das ist zwar süß, wie sie mir immer die Welt erklären, aber es wird anstrengend mit der Zeit.»

Elka schüttelt amüsiert den Kopf.

Ich meine, diese Geschichte schon zu kennen. Sicher bin ich aber nicht. Nicht so wild. Ich kann trotzdem empört sein, auch wenn ich finde, dass Elka da ein bisschen überreagiert. Wiesekind ist immer noch ihr Chef, und Loyalität hat noch niemandem geschadet. Vielleicht wäre Elka selbst schon Chefchen, wenn sie das mal in ihren Kopf bekäme. Ein bisschen selber Schuld, denke ich, aber das gehört nicht in diese Teeküche gesagt, in diese wohlverdiente Kaffeepause, in der wir alle mal ein paar Minuten Elkas und Henriettes sein können, statt der stillen Frau Friedrichs und Frau Lieblings. Obwohl hier niemand Tee trinkt in dieser Teeküche, aber man sagt es halt so, kein Grund, sich da unnötige Gedanken zu machen. Davon gibt es jeden Tag doch schon genug, so viele unnötige Gedanken, die die Menschen denken und aussprechen, die sie sich wie Steine in die eigenen Wege legen, nur weil sie wie unhöflicher Besuch ohne Einladung im Kopf vorbeischauen.

«Du machst das schon richtig», sage ich dann matt und behalte den Rest für mich. Niemanden herausfordern mit den eigenen Gedanken. Das ist gefährlich.

Abschätzig mustert Elka mich, und ihre dunklen Augen forschen, ob da noch mehr ist hinter meinen Worten.

Wir unterteilen unsere Welt in Gefahren, das habe ich gelernt, und es ist nicht sonderlich klug, nur den Menschen dahinter zu sehen. Weil wir einander Wölfe sind. Im selben Rudel, derselben Firma zwar, aber Wölfe dennoch. Und unter uns Wölfen, das weiß Elka, und das weiß ich, lebt es sich am besten, wenn man nicht der Schwächste ist, vor allem aber nicht der Stärkste. Also schlage ich die Augen nieder und lasse Elka sehen, was sie sehen will, Henriette, die grinst und lacht und verlegen auf ihre Schuhe starrt, hat sie doch etwas Dummes gesagt, ohne das zu wissen.

«Na, komm», Elka deutet mit dem Kopf Richtung Tür. «Bevor der Laden hier ohne uns untergeht.» Die Halsreife klimpern, als sie sich in Bewegung setzt.

Lust- und ziellos klicke ich in Office-Anwendungen herum. Zum dritten Mal korrigiere ich einen Bericht, weil da irgendwo ein Rechenfehler steckt. Kurz vergrabe ich mein Gesicht in den Händen, massiere frustriert die Schläfen.

«Na, nix zu tun?»

Manegold hat seine Fäuste lautlos neben mir auf meinen Tisch gestemmt. Leicht angewinkelt tragen seine Arme ihn, distanzlos wiegt sein Stammtischoberkörper neben meinem Kopf auf und ab, während mir greller Aftershave-Geruch süßlich in die Augen peitscht.

«Herr Manegold», sage ich tonlos. «Ich suche grad nach ...»

«Arbeiten sieht aber anders aus», unterbricht er mich gerade laut genug, um alle im Büro an dieser Unterhaltung teilhaben zu lassen. Er hat etwas von einem Gorillamännchen, einem selbstgefälligen Gorillamännchen, das süffisant auf meinem Schreibtisch lehnt und aufgrund der Pose gerade keine Hand frei hat, sich auf die Brust zu schlagen.

Ich nicke stumm und spare mir jedes Wort, ich möchte mich entschuldigen, aber Manegold mag keine Entschuldigungen. Manegold mag Mitarbeiter, die sich nicht entschuldigen müssen, das sagt er gern und oft, wenn man sich dazu hinreißen lässt, es dennoch zu versuchen.

«Was kann ich tun, um diesen Fehler wieder auszubügeln?»
«Ihn gar nicht erst machen.»

Das ist der Soundtrack unserer Unzulänglichkeit. Und er

hat recht. Hätte ich keine Kaffeepause gemacht oder wäre früher gekommen, dann hätte ich mehr Zeit gehabt für diese Tabelle, hätte ich den Willen gehabt, sie früher zu verstehen, vielleicht hätte ich es geschafft. Ganz sicher sogar. Weil ich *einfach* bin und *einfach* bleiben werde, wenn es mir nicht wichtig genug ist, vernünftige Arbeit zu leisten. Es tut mir leid.

«Sieh zu, Liebling», taumeln mir Manegolds Worte ins Ohr. «Streng dein hübsches Köpfchen mal ein bisschen an, zur Abwechslung. Dann klappt das auch mit dem Arbeiten.»

Seine Hand tätschelt mit einem Klaps meinen Hinterkopf. Früher hätte ich jetzt wohl diese Hand gebrochen, denke ich, oder zumindest irgendetwas Witziges gesagt.

Aber in den letzten sieben Jahren hier habe ich gelernt, die Dinge einfach stehenzulassen. Dinge stehenzulassen kostet keine Kraft. Es ist so einfach, dagegen zu sein. Zu rebellieren. Früher war ich nie um eine Antwort verlegen. Heute weiß ich es besser und beginne noch einmal, diese Tabelle nach meinem kleinen Zahlenausreißer zu durchwühlen.

Ich muss das nur wollen, dann finde ich meine kleine Fehlerzahl schon, und dann ist alles wieder gut, dann kann ich die Entschuldigung aus meinem Kopf verbannen und endlich wieder wertvoll sein. Dann muss ich nicht mehr nachdenken über diesen Klaps auf meinen Hinterkopf, über Wölfe und Gorillas, dann weiß ich wieder alles, was es zu wissen gibt für mich, und das ist gut. Keine Kaffeepausen mehr für mich.

Es ist kurz vor sieben, als ich triumphierend vom Bildschirm aufblicken darf. Es bedarf keiner Leidenschaft, nur Disziplin, um zufrieden zu sein. Zwei Anrufe in Abwesenheit. Mattes. Er wird das verstehen. Wenn ich später mit ihm auf unserer Couch sitze und erzähle, wie mein Tag so war.

LIEBLING, DU MUSST

Früher habe ich meine Tage anders verbracht. Bis zum 28. Mai 2010. Ich bin sonst nicht so gut mit diesen Dingen, kann mir keinen Geburtstag merken, aber dieses Datum ist so was wie die Telefonnummer der ersten großen Liebe. Es geht nicht mehr raus aus dem Kopf, egal wie sehr man sich bemüht. Ich war eine Frau, die gerne Fehler machte. So viel wusste ich mit meinen 29 Jahren damals schon. Der Rest stand da noch zur Debatte. Und ich in einer Drogerie.

«Junge Frau, was zum Teufel machen Sie denn da?», fragte mich die Drogerieverkäuferin. Zwischen zwei grell erleuchteten Kosmetikregalen starrte sie fassungslos auf die vier Sorten Rasierschaum, die ich großzügig auf meinem Arm verteilt hatte.

«Ich mache ein paar Fehler», plapperte meine große Klappe reflexhaft. «Aber keine Panik, ich habe 'nen Stift dabei.»

Dann begann ich damit, die entsprechenden Produktnamen ebenso offensiv wie gewissenhaft unter die weißen Rasierschaumpröbchen auf meinem linken Arm zu kritzeln.

«Fehler lohnen sich nämlich nur, wenn man weiß, *wo* man sie gemacht hat», murmelte ich beiläufig. «Das hat mein rechter Arm letzte Woche auf die harte Tour rausgefunden. Da habe ich die Proben nämlich *nicht* beschriftet. Schauen Sie mal, Sie können kaum noch die Sommersprossen erkennen in dieser Kraterlandschaft. Und das Problem ist: Ich weiß nicht mehr, welche dieser ‹hautschonenden› Rasiersäuren ich letzte Woche *wo* aufgetragen habe. Da wollte ich diesmal schlauer sein.»

«Oh, das sieht aber bitter aus», murmelte die Drogeriefrau zurück.

Und sie hatte recht.

Meine Haut ist in etwa so wehleidig wie ein erwachsener Mann mit lebensbedrohlicher Erkältung. Auch heute noch. Und zu wissen, *dass* drei der vier Pflegeprodukte, die man ausprobiert, die eigene Haut in einen blutigen Rummelplatz aus Juckreiz verwandeln, das ist nur dann hilfreich, wenn man später auch nachvollziehen kann, ob die «milde Rezeptur mit Orangenbutter» oder doch die «straffende Algen-Formel» sich anfühlen, als wäre man auf der Herdplatte eingeschlafen. Wie gesagt, ich machte gerne Fehler. Aber auch Fehler muss man richtig machen. Damit sie was bringen.

Die Verkäuferin neben mir sah das ganz ähnlich. Wenn auch aus anderen Gründen.

«Aber Sie können doch nicht einfach Rasierschaum aus dem Regal nehmen und den ... benutzen. Das geht doch nicht», stammelte sie fassungslos.

«Ja, sicher geht das. Man *soll* den Rasierschaum doch unbedingt *vorher* testen, steht doch auf diesen verschissenen Dosen überall drauf.»

«Ja, aber zu Hause.»

«Dafür müsste ich den doch kaufen.»

«Genau.»

«Aber dann ist das doch kein *vorher* Testen mehr, wenn ich den erst kaufe und *dann* ausprobiere. Das ist doch bescheuert.»

Die Verkäuferin rang sich zwei schnappende Atemzüge ab, ihre Augen hechteten immer wieder von den Schaumkrönchen auf meinem Arm zum Regal und zurück, als wollte ihr Blick alles wieder fein säuberlich einräumen. Ihr Mund konnte sich nicht entscheiden, ob er grinsen sollte oder lieber nicht. Dann holte sie tief Luft, und das Grinsen fiel aus.

«Was glauben Sie eigentlich, wer Sie sind?», zischte sie empört und stellte damit vielleicht eher unabsichtlich eine der ganz großen Fragen, die wohl jeder von uns zu beantworten hat. Und es war eine gute Frage. Ist es immer noch.

Was glaubte ich zu sein?

Sagen wir so: Ich war eine Frau, die gerne Fehler machte. So weit waren wir schon. Nicht weil ich dumm war, sondern weil ich es immer einfach hatte. Weil ich mich nie sorgen musste. Weil ich «Jungszeug» machte und mochte, wie die Erzieherin im Kindergarten das nannte. Weil mir davon abgesehen nie jemand gesagt hatte, wie ich sein müsste oder sollte, so als Mädchen. Weil mir der beschissene Schnabel so quergewachsen war, dass ich gar nicht anders konnte, als so zu sprechen, wie er das wollte. Und wenn ich sprach, dann klang das auch genau so, so quer, so gar nicht Mädchen. Eher wie die Stille am Anfang deines Lieblingsalbums auf Vinyl, wenn der Tonabnehmer nur altes, warmes Kratzen findet.

So *grundlegend,* wie sie klang, war die Frage natürlich nicht gemeint, aber das war mir herzlich egal.

«Ich bin Henriette», ritzte ich also mit dieser kratzigen Stimme in das Eis zwischen uns, «und ich suche einen guten Rasierschaum, der mir nicht die Haut wegätzt.»

Wie irritiert Menschen reagieren, wenn man einfach mal eine ihrer nachlässig in den Raum geworfenen Fragen beantwortet, statt sie, wie es von einem erwartet wird, als Beleidigung aufzufassen und die Klappe zu halten.

Das ist schon fast ein bisschen kurios, wenn man darüber nachdenkt.

«Ach, Kleinkünstlerin sind Sie von Beruf», hatte mich zum

Beispiel mein alter Zahnarzt mal gefragt, «also auch so eine Narzisstin, die von ihrem Papa nicht gelobt wurde und jetzt auf Bühnen nach Beachtung schreit?»

Eine erstklassige Frage, musste ich zugeben. Gerade, wenn man fast eine Stunde mit Bus und Bahn und dann auch noch ohne Sitzplatz unterwegs war, umringt von älteren Herren, die einem allesamt auf den Arsch starren. Da hat frau dann richtig Bock auf kecke Sprüche.

«Nee, Schriftstellerin», hatte ich geantwortet, «und Sie sind Zahnarzt geworden, weil Sie gerne Latex tragen und Leuten den Finger in den Mund stecken?»

Mein *neuer* Zahnarzt stellte solche Fragen nicht, war mit öffentlichen Verkehrsmitteln ganz wunderbar schnell zu erreichen und hatte ein sehr geschmackvoll gestaltetes Wartezimmer.

Es kann sich also lohnen, solche Fragen einfach mal zu beantworten.

Eine neue *Verkäuferin* bekam ich allerdings nicht. «Unmöglich», rief sie nur ungemein theatralisch und riss dann hilflos die Arme empor, als kapituliere sie vor mir und meiner blöden großen Klappe. Wie unangenehm mir das heute noch ist. In Gedanken zählte ich bis zwei, das hatte ich irgendwo aufgeschnappt, dass das helfen solle, sich selbst zu finden. Einatmen. Eins. Zwei. Ausatmen. *Sei ein großes Mädchen.*

«Wissen Sie was?», meinte ich verschüchtert, während ich die Rasierschaumnamen auf meinem verschmierten Arm überflog, «die sind bestimmt alle gut, irgendwie. Ich glaub, ich nehm die mit.»

«Lassen Sie's gut sein», riet mir die Verkäuferin kühl und drängte mir noch einen abschätzigen Blick auf, bevor sie den

Kopf schüttelte und wieder in ihrer dystopischen Regalwelt ohne Ausprobieren verschwand.

Unsicher drückte ich die Zähne auf die Lippen und wippte von einem Bein aufs andere, den Blick zielsicher im Nirgendwo. In meiner Unbefangenheit stieß ich Menschen viel zu häufig vor den Kopf.

Wie um mich zu entschuldigen, griff ich trotzig und wahllos einen pinken Rasierer aus dem Regal und stampfte beschämt zur Kasse. Wenigstens irgendetwas kaufen.

Meine Finger trippelten ungeduldig auf dem Warenband. Es kam mir vor, als hätte meine Rasierschaumprobe die Runde gemacht, denn die Kassiererin ließ ihren Blick süffisant vor meine Füße fallen, als sie stoisch das Wechselgeld herbeikramte.

Pfeif drauf, dachte ich und kratzte mir ein «Stimmt so» aus der Kehle, während ich mir meinen beschissenen Rasierer schnappte. Die Kassiererin aber schaute nicht einmal auf, als ich, den Kopf ganz tief unter den roten Haaren versteckt, zum Ausgang hetzte.

Ich weiß nicht, vielleicht war ich zu jung für mein Alter. Oder alle anderen waren einfach immer zu alt. Dieses erhabene Schweigen, dieses Sichempören, weil da irgendwer Rasierschaum *ausprobiert*, statt ihn direkt zu kaufen, und das alles dann auch noch in Bochum-Ehrenfeld, wo sie doch alle so wahnsinnig offen und alternativ sind – außer eben beim Ausprobieren von Pflegeprodukten. Nicht, dass da jemand kostenlos zwei Quadratzentimeter schöne Haut bekommt. Trostlos, das. Und dann auch noch diese klischeegrauen Häuserzeilen überall, stummes Dastehen von Wohnbeton und keine Bewegung darin. Als müsste mich das traurig machen, so vorwurfsvoll schienen diese Häuser da neben mir herumzudrucksen, während ich durch all diese Trostlosigkeit schritt, in der das Grau fast wie ein Tropfen Farbe funkelte. Ich mochte das. Ich mochte die grauen Häuser, mit den verwaschenen Existenzen hinter den verhangenen Fenstern, ich mochte die Stolpersteinstraßen hier und die raue Luft, die aus den Seelen der Menschen über ihre Zungen wehte. Und ich mag es bis heute. Der Ruhrpott ist ein unlektoriertes Kapitel. Zwanzigmal überarbeitet, aber immer noch keine klare Richtung, Backstein und Industriehallen zwischen polierten Shoppingcentern, wie vergessene Halbsätze irgendwo in einem schlecht gekürzten Monolog. «Henriette. Die Idee, die Idee ist wirklich sehr schön», hätte mein Lektor damals vielleicht gesagt, «aber man spürt, dass du nicht sicher bist, wie du sie formulieren sollst.»

Passe ich deshalb so gut hierher?

Ich musste lächeln, als ich mich selbst bei dieser Frage ertappte, die natürlich keine Frage war. Aber wer hat schon den Mut zu einer klaren Meinung, vor allem zu sich selbst?

Die nächste Querstraße sog mich wieder in sich auf, und meine Schritte wurden leichter, als die Sonne zwischen den Wolken hervorlugte und die Bordsteinkante in ein sattes Abendgold tauchte.

Und dann war ich zurück in meinem Bunker mit Einbauküche und Terrasse und dem großen Tisch aus Holz, an dem so viele gute Ideen verworfen wurden, dass er ganz stumpf davon geworden war und trübe. Wie ich das liebte.

Ich liebte das Gefühl, wenn mein Haustürschlüssel zaghaft klemmte, das störrische Quietschen, wenn mich mein Briefkasten begrüßte und das schiefe Türchen an den ungeölten Scharnieren entlangtanzte. Post für mich. Henriette Liebling wohnt hier, das sagten klemmende Schlüssel und quietschende Türchen und nicht zuletzt auch jeder Brief, der mich erreichte. Liebling stand da, *Liebling, Henriette*, in der Oskar-Hoffmann-Straße.

Ich mag meinen Namen, den Klang davon in meinem Kopf. Ein Nachname, mit dem man sich geliebt fühlen muss, sogar wenn das Finanzamt schreibt. Liebling, schrieben sie, du musst deine Steuern zahlen, Liebling, Schwarzfahren kostet 60 Euro, Liebling, bring endlich diese scheiß Bücher zurück zur Bücherei, sechs Monate sind wirklich lang genug.

Ich konnte nicht anders, als meine Wohnung jeden Tag mit einem Lächeln aufzuschließen. Mit dem rechten Fuß schob ich dann immer die Tür hinter mir ins Schloss und genoss einen Moment die stille Dunkelheit im Flur. *Einatmen, eins, zwei, Ausatmen.* Ankommen. Die Frau aus der Drogerie, ihre Empörung – all das musste immer draußen auf mich warten, vor der Tür. Die leichte Sommerjacke fiel wie jedes Mal unbedacht zu Boden, während ich in die Küche schwebte, zu meinem Tisch, Briefe und Rasierer in der Hand, direkt weiter zur Terrasse. Ich riss die Tür auf, ließ die Briefe auf meinen Holztisch regnen, dann war es still. Nur Abendluft und Sonnengold flüsterten vom Feierabend, an diesem 28. Mai vor sieben Jahren, und immer noch will ich jedes Wort davon verstehen.

Auf der Terrasse fiel mir auf, dass sich inzwischen neun Rasierer auf meiner Arbeitsplatte tummelten, ich aber immer noch keinen passenden Rasier*schaum* besaß. Ich schätze, das fasst meine Persönlichkeit bis heute ganz gut zusammen.

ZUKUNFT VON FRÜHER

Samstag. Und wie das wieder aussieht hier.

«Jetzt renn doch nicht schon wieder ins Wohnzimmer, ich hab da gerade frisch gesaugt, Mattes.»

«Ey, ich hab Socken an, Henni.»

«Auch an Socken hängen Flusen ...»

Mattes' Blick pendelt gelassen an seinem letzten Geduldsfaden hin und her. Er hält eine Weinflasche im Arm wie ein Baby und zuckt die Achseln.

«Können wir uns darauf einigen, das Wohnzimmer *nicht* mehr zu betreten, bis Brit und Alex da sind? Auch nicht auf Socken?»

«Wegen der Flusen?», murmelt Mattes ungläubig.

«Wegen der Flusen.»

«Du übertreibst, Schatz.»

Schatz. Früher wäre es nie zu diesem «Schatz» gekommen. Das erste Mal, als Mattes «Schatz» sagte, vor zwei, drei Jahren, da stromerte das Wort noch einsam und verlassen durch den Raum, unentschlossen und ungeliebt. Es schien wie ein dunkles Geheimnis, welches wir gerade erst gemeinsam entdeckt hatten und nie finden wollten. Damals habe ich geschluckt, und wir haben uns angestarrt.

Es ist, als hätte jemand den Kontrast reduziert in unserem Leben, die Farben entsättigt und alles in beschissenen Pastelltönen nachgemalt, wo früher Neon prangte. Gealtert, vergilbt ist die Hitze zwischen uns, mittlerweile. Ich werde älter.

Wir hatten uns immer geschworen, nie, *nie* mit «Schatz»

anzufangen. Das ist eine verdammte Beziehungshandgranate. Wenn der Stift einmal gezogen ist – dann war's das. Dann hältst du dieses Wort in der Hand, und es tickt, und das gemeinsame Leben ist zu klein, um es irgendwohin zu werfen, wo es keinen Schaden anrichtet. Irgendwann ist nicht nur der Sicherungsstift gezogen, irgendwann lässt man die Granate auch fallen, und dann bleiben dir noch drei Sekunden, zu entscheiden, was du tust.

Mattes und ich, wir entschieden uns für fassungslos dastehen und hoffen, dass der andere sich opfert und sich draufwirft auf diese Granate, aber das passierte natürlich nicht. Und so wurden wir beide Opfer, und die Illusion ist lautlos explodiert, unsichtbar und enttäuschend. Die Illusion, dass unsere Beziehung nie langweilig werden würde, dass sie nie werden würde wie jede andere. Dass *wir* nie werden würden wie jeder andere. Die, vor denen deine Eltern dich nie warnen mussten. Wir waren immer cool und jung und verrückt. Bis wir es nicht mehr waren. Lautlos explodiert. Zu einem Pasta-Pärchen mit Hund.

Und jetzt? Jetzt kann ich nicht einmal mehr jung und wütend herumschreien, Dinge auf den Boden werfen, mich später, wenn wir nackt und rauchend nebeneinanderliegen, dafür entschuldigen und darüber lachen. Jetzt kann ich nur noch stumm schlucken und glasig durch das Grau lächeln. Schatz.

Wir sind uns nicht kühl, das spüre ich noch immer. Nur älter geworden. Gewöhnter. Muss das denn etwas Schlechtes sein? Wortlos lächelt mein Mattes mich an, bevor er meine Wange küsst. Es muss nicht immer Versöhnungssex sein, manche Dinge sind so viel intensiver und grundlegender. Es ist nichts Schlechtes. Es ist warm und nah, viel näher, als Sex es je sein könnte.

Tüte trottet niedergeschlagen auf mich zu, schmiegt um

meine Beine wie eine Katze. Dann trottet er weiter ins Wohnzimmer, hinterlässt eine Schneise aus Hundehaar und beginnt, sich den kompletten Straßenstaub der letzten Jahre aus dem Fell zu schütteln, während er mir glücklich in die Augen schaut.

Und das ist alles, was du über das Leben wissen musst, denke ich, während einerseits Wut in mir hochkocht und ich mir andererseits ein Grinsen nicht verkneifen kann. Ich grunze ein kleines Kichern heraus.

Mattes zieht nach. Grinst und stellt behutsam den Wein mitten auf den Fußboden, direkt vor sich, wo er gerade steht. Dann folgt er Tüte ins Wohnzimmer, läuft demonstrativ auf seinen Socken einmal im Kreis darin herum, zieht Tüte mit sich nach draußen Richtung Küche und schnappt sich immer noch grinsend den Staubsauger.

Die Flasche Wein steht auch Punkt acht immer noch genau dort, wo er sie abgestellt hat, und erst als es klingelt und Alex Brit in unsere frischgesaugte Wohnung schiebt, da ändert sich das. *Schön, dass ihr da seid, wie schafft ihr es nur, das eure Wohnung immer so toll aussieht, wollen wir vorher was essen, mach doch mal den Wein auf, Schatz.*

Und dann sitzen wir gemeinsam im Wohnzimmer, und die wichtigste Frage in unser aller Leben ist, was wir heute Abend spielen wollen.

«Monopoly», schlägt Brit vor, «wenn ich schon im echten Leben kein Geld habe», und leert ihr erstes Glas Wein mit einem flüchtigen Zug. Früher wären wir reich gewesen, mit dem, was wir jetzt verdienen. Aber ich weiß, was sie meint.

«Wie wär's mit Tabu?», fragt Mattes.

Ich stöhne.

«Bitte nicht. Ich möchte mir heute nichts ausdenken müssen.»

Wie ich dieses Spiel hasse. Dinge neu formulieren. Was ist so verkehrt an geläufigen Begriffen? Sich neue Dinge auszudenken, wo doch schon passable Worte existieren, erscheint mir sinnlos. Neue Worte zu finden, wo es doch schon alte gibt. Es muss nicht alles *neu* erzählt werden, eigentlich muss nicht einmal alles *erzählt* werden. Lasst doch die Dinge in den Köpfen, denke ich.

Worte. Wie aggressiv mich Worte machen. Überall wird immer so viel erzählt, auf der Arbeit. Dass dies und jenes nicht funktioniert und kompliziert sei. Erzählen ist einfach. Wer nichts schafft, der erzählt. Worte sind auch so eine Ex-Beziehung von mir. Erzählen. Zu Bruch gegangen an diesem 28. Mai, und Jahre später will ich noch froh sein, dass es kaputtgegangen ist. Diese Jugendliebe, die man nie so ganz hinter sich lassen kann, die bis ans Ende in deinem Kopf herumspukt mit diesem Was-wäre-wenn auf ihren Lippen. Die weh tut, obwohl man längst darüber weg ist. Albern ist das, dieses Hängen an alten Lieben, obwohl man doch auf beiden Beinen steht. Wie unglaublich aggressiv mich Worte machen. Nicht mehr traurig. Immer dieses Reden.

Sagt doch am besten einfach gar nichts und *macht* stattdessen. Das denke ich und sage es nicht, denn ich bin nicht so.

Ich bin keine, die es sich einfach macht. Ich weiß, wann ich schweigen muss.

Mattes schenkt mir Wein nach.

«Ich hol mal das Monopoly», ächzt er dann, während er seine Hände auf die Knie stemmt und sich unsicher nach oben wuchtet. Kaum hörbar stöhne ich auf.

«Ist was?», fragt Mattes und wankt ein wenig hin und her, was er immer tut, wenn ihm sein Bein eingeschlafen ist.

«Nee, alles super», sage ich. «Monopoly. Ein Spiel darüber, dass man Miete zahlen muss. Voll gut.»

Argwöhnisch runzelt mich seine Stirn an.

«Sollen wir was anderes ...?»

«Bloß nicht. Monopoly ist schon gut. Vielleicht gewinne ich da ja mal», setze ich nach, und all die Lügen malen mir ein Lächeln ins Gesicht.

Alex und Brit schweigen bedacht.

Mattes zuckt abwesend mit den Schultern. Dann wankt er weiter.

Als hätte jemand plötzlich die Lautstärke wieder aufgedreht, gehen die Gespräche anschlusslos weiter. Alex spricht über Steuern und Anlageberatung. Brit nickt zustimmend. Ich langweile mich. Noch nicht einen Würfel gerollt, noch nicht ein Gespräch über Low-Carb-Diäten geführt und doch schon da angekommen, wo ich früher nie hinwollte. Brauche wohl dringend neue Ziele, wie es aussieht. Ich halte an mir, kann mich aber nicht ganz greifen. Nicht ganz schweigen.

«Sag mal», unterbreche ich Alex inmitten eines Monologs über festverzinstes Irgendwas, «wann haben wir eigentlich aufgehört, saufen zu gehen?»

Bedächtig mustert er mich durch sein bis zum Rand gefülltes Glas Wein, kratzt sich den fülligen Bart und lässt den Blick durch unser Wohnzimmer streifen.

«Als ihr angefangen habt, euer Wohnzimmer komplett in weiß einzurichten», meint er dann. «Irgendwie um den Zeitpunkt rum habt ihr aufgehört damit. Ist schon witzig, oder? Da zieht ihr extra in eine schöne Wohnung mitten im Partyviertel, um dann nicht mehr rauszugehen.»

«Na ja», sage ich, «irgendwie arbeiten wir so viel dafür. Mir fehlt da einfach die Kraft.»

«Verstehe», meint Alex. «Das ist natürlich echt ein Problem. So ein bisschen wie guten Wein kaufen und den dann nicht trinken, weil der so teuer war.»

«DAS hingegen würde uns nicht passieren.»

«Vielleicht solltet ihr einfach mal wieder ein bisschen individueller wohnen.»

Es wirkt fast albern, wenn er das so sagt. Mein Freund Alex, der immer so abgerissen aussah, fast schon eingestürzt. Mit der abgewetzten Lederjacke in Braun, zugezogen bis unters Kinn, auf diesem albernen Mofa, ohne Helm und keine Socken in den Chucks. Den Iro hat er noch, aber nur ironisch, Lederjacke getauscht gegen gestreifte, enge Weste, Drei-Tage- gegen Vollbart und dazu Turnschuhe, so teuer, dass man damals drei Hosen dafür bekam. Ich habe mal in einem Artikel über den BND gelesen, dass die Agenten sich gegenseitig an den immer gleichen braunen Schuhen erkannten. So ist das auch mit Leuten wie Alex. Die alle in der Werbung arbeiten. Alles, die ganze jugendliche Verkleidung, ist so am Reißbrett entworfen, um jeden Preis individuell, sie haben eine eigene Abteilung dafür bei H&M. Zu alt, um jung zu sein. Gelangweilt sieht er aus darin. Sehe ich auch so aus?

Ich zucke mit den Schultern. «Weiß lässt das alles so schön frisch wirken.»

Brit muss lachen. Ich nicht.

«Ich habe letztens gelesen, dass Weiß als Raumdeko menschenfeindlich ist», legt sie nach.

«Ich habe letztens gar nichts gelesen», sage ich, «das war auch sehr spannend.»

Mattes, der sich irgendwann unbemerkt neben mich gesetzt haben muss, räuspert sich verlegen.

«Weiß soll irgendwie eine Pause von Gefühlen und Stimmungen sein», blubbert Brit weiter und schenkt noch einmal Wein nach.

«Was für einen Scheiß sich Leute ausdenken und aufschreiben.»

Ich lasse meinen Blick durch den Raum gleiten. Ich mag Weiß. Und Gefühle. Ich Mensch voller Widerspruch.

«Da fällt mir ein», gurgelt Brit durch einen halben Schluck Wein hindurch, «ich brauche dringend neue Bücher. Darf ich später mal dein Regal plündern?»

«Klar», sage ich tonlos, «ich hab aber nix Neues. Irgendwie finde ich keine Ruhe mehr zum Lesen.»

«Das ist schade.»

«Ach, geht», murmle ich, «ich hab genug zu tun, als dass ich da Bücher bräuchte, um mich zu beschäftigen.»

«Dass *du* das mal sagst.»

«Ich lese jeden Tag fünf Milliarden E-Mails. Da muss ich mich privat nicht auch noch mit den Gedanken anderer belästigen.»

Brit zuckt verständnislos die Schultern.

Dann spielen wir. Alex muss zweimal ins Gefängnis, Mattes rafft alle Bahnhöfe an sich, ich baue Häuser. Überall Häuser und Hotels. Würfel klackern vor sich hin, wie dieser Abend. Die zweite, dritte Flasche Wein öffnet und trinkt sich von allein, und wir lachen. Lachen und reden über Geld und Rotwein und Kinder und Hunde und Urlaub und Arbeit und Chefs und Flüchtlingskrisen und dass man nichts machen kann an alledem. An allem, was unser Leben bestimmt derzeit. Und über früher. Wir reden über früher, wie wir mal über die Zukunft geredet haben. Voller Hoffnung und mit diesem Leuchten in unseren weinverschleierten Augen reden wir über die alte Zukunft, die wir irgendwann einmal nur ein paar Meter entfernt im 3Eck entworfen und zusammengeträumt haben. In einem ausdruckslosen Café namens *konkret* bauten wir unkonkrete Träume aus Bier und lauten Gesprächen, wo wir mal hingehen und dass wir uns nie verändern würden. Wir haben es zwanzig Meter weit geschafft und eine ganze Etage höher, und irgendwann sind auf dem Weg ein Monopoly-Spiel, weiße Möbel und ein Hund dazugekommen.

Ich weiß nicht, wann unsere Vergangenheit zu einem Traum geworden ist, der sich anfühlt, als ob man ihn leben müsste. Aber nicht kann. Und auch nicht richtig will. Es ist verwirrend. Zu Hause zu sein in einer Gegenwart, die sich viel zu sehr nach einer weit entfernten, sehr, sehr spießigen Zukunft anfühlt. Zeit ist beängstigend. Alt sein – ist beängstigend.

Ab halb elf spüre ich die Jahre auf mir. Und die vergangene Woche. Beides gleichermaßen. Der Wein zerrt an meinen Augenlidern und dem Verstand, macht alles träge und die Gespräche unverständlich.

Wir lenken die Themen in seichtere Gewässer, keiner spielt mehr richtig, und irgendwann bauen wir kleine Siedlungen aus Monopoly-Hotels, ohne dass irgendwer noch würfeln müsste. Keine Miete zahlen mehr. Keine Zufälle mehr, denke ich, und dass das irgendwie auch in Ordnung ist. Wir haben uns vom Zufall und den Chancen verabschiedet und bauen nur noch Häuser, ohne auf irgendetwas hoffen zu müssen. Mit genügend Wein haben wir zwischen weißen Möbeln die Regeln ausgehebelt und die Kontrolle übernommen. Wie wunderbar einfach Monopoly-Leben sein kann. Brit hat die Augen geschlossen und liegt geborgen in unser Sofa vergraben, Alex und Mattes rauchen ihre eine Zigarette für heute Abend verstohlen auf den Balkon gedrängt.

Ich betrachte die Welt durch mein letztes Glas Wein für

heute, alles so wunderwarm rot verdunkelt, nicht mehr weiß-hell und funkelnd, als hätte wer Rotwein über mein ganzes Leben verschüttet und ich hoffte, die Flecken würden nicht mehr rausgehen. Aber wie das wieder aussieht.

Rotweinflecken auf dem Leben entfernt man am besten mit Salzstangen und Schlaf.

«Ich bin müde», kann ich nur noch säuseln, und meine Arme ganz eng um mich schlingen, als Brit von Alex wachgeküsst wird. Unbeholfen umarmen wir uns und schleichen gezügelt ausgelassen Richtung Haustür, um uns zu verabschieden auf bald. Gäste gehen, und nur ihre Geister bleiben zurück, die warm und melancholisch zwischen uns stehen. Uns zusehen, wie Mattes und ich stumm nebeneinander ins Schlafzimmer trotten. Ich steige aus meiner Unterwäsche in das warmgelebte Bett und atme den Abend aus. Es war schön. Irgendwie. Nicht wie früher. Mein Arm findet Mattes, der neben mir seine Füße aus der Decke wühlt, weil er anders nicht schlafen kann, und so liegen wir ineinander, und ich strahle ihn an, mit diesem Funken Melancholie, den nur Freunde schlagen können, die älter sind als deine weißen Möbel.

«Ich liebe dich» flüstere ich Mattes ins Ohr.

Die Antwort ist ein flüchtiger Kuss, als er sich im Halbschlaf auf die Seite dreht. Dann trottet Tüte ins Schlafzimmer und gähnt und streckt sich, bevor er zwischen unsere Füße krabbelt und treudoof auf die Kissen starrt.

Ich mag diese schweigende Langeweile. Auch wenn ich das nicht sollte, flüstert ein kleiner Restgedanke in meinem Kopf, bevor er im Rotweinnebel ertrinkt. Auch wenn ich es nicht sollte, weil das alt wirkt und spießig und nach Aufgeben schmeckt. Weil wir doch jung sein müssen und voller Leidenschaft. Immer müssen wir jung sein. Aber Jungsein ist doch nur ein anderes Wort für einfach. *Einfach* – erreicht nichts im Leben. Und ich muss etwas erreichen, was leisten. Damit man zufrieden ist mit mir. Und deshalb – bin ich keine, die es sich einfach macht.

Stumm liege ich noch da, wach, genau wie Mattes. Montag wieder Miete verdienen. Alles schweigt.

HEUL DOCH!

Es ist einer dieser unendlichen Dienstage, die schon vor 10 Uhr eine ganze Woche lang sind. Den Montag hat man gerade so abgeschüttelt, sich abends vom Körper geduscht, dazu diese ganze Trägheit und den Nachhall eines Sonntags, dessen einzelne in Schweigen verbrachten Stunden mir immerzu verschwendet und ungenutzt im Gedächtnis eingebrannt bleiben, weil sie lediglich ein Countdown auf einen Montag zu sind. Und jede dieser Sonntags-Stunden rinnt mir unbeirrt durch die Finger, und ich kann nicht anders, als gebannt darauf starren und nichts tun, außer ihre Flüchtigkeit zu bedauern. Die letzten zehn Sekunden vor einem Raketenstart zurück in die Arbeitskolonie sind meine Sonntage, und in diesen letzten zehn Sekunden kannst du nur noch im Kontrollraum sitzen und auf die Zahlen starren, die Sekunden, die herunterticken. Viel zu angespannt ist mein Körper dann, als dass er dort irgendetwas zustande brächte. In den letzten zehn Sekunden geht keiner mehr aufs Klo oder sich einen Kaffee holen. Da halten alle nur noch die Luft an.

Weil dann wieder alles laut und taub wird und schmierig an mir kleben bleibt, das ganze Bürogehabe und die Meetings und die Zahlen, die nur wichtig sind, weil irgendwer das sagt, der was zu sagen hat. Das alles muss ich abends von mir runterwaschen, runterschrubben, eine halbe Stunde unter heißem Wasser vom Montag dekontaminieren, damit ich den unendlichen Dienstag zumindest versuchen kann zu überstehen.

«WAS IST DAS FÜR EINE SCHEISSE?»

Manegold eröffnet meinen unendlichen Dienstag mit einer öffentlichen Hinrichtung.

«MEINEN SIE, ICH KANN MEINE ZEIT KACKEN, SCHÄTZ-CHEN?»

Es ist Tini. Natürlich ist es Tini. Vielleicht weil sie dumm ist. Weil sie nicht klug sein will. Tini, weil sie das alles hier nicht ernst genug nimmt, um sich wahrhaft anzustrengen. Weil sie nicht mitdenken *will*. Tini ist jung und hübsch und meint deshalb, mit allem davonkommen zu können. Vom ersten Tag an vor sieben Jahren, als ich das erste Mal überfordert war von den einfachsten Dingen, weiß ich das. Sehe ich das. Takes one to know one. Wir sind beide Assistenzen der Assistenz, Verschiebemasse des Büros. Die Joker, die du überall dransetzen kannst, an Dinge, die niemand erledigen, aber jeder erledigt *haben* will. Unter Handwerkern wären wir die, die den Werkzeugkoffer tragen, die, die beim Friseur die Haare auffegen. Wir sind die, die Rechnungen in die richtigen Ordner heften, die Excel-Tabellen mit handgeschriebenen Zahlen abgleichen, weil sich irgendwer irgendwo vertippt hat. Wir sind die Blitzableiter der Geschäftsleitung, weil man Sekretärinnen nicht anschreit, nur deren Anhang.

Wir sind der äußere Ring dieses Großraumbüros. Der tarifbezahlte Kollateralschaden.

Ich habe zwar keine Ahnung, wo Manegolds Problem liegt, bin aber ziemlich sicher, dass Tini den Anschiss schon verdient hat. Sie ist so unkonzentriert in der letzten Zeit. Was man so mitbekommt. Irgendwas ist bei ihr zu Hause los mit ihrem ... Frank? Torsten? Interessiert mich auch nicht. Wir sitzen beide im selben sinkenden Boot.

Vielleicht ist es das, keine Ahnung. Das ist bestimmt nicht leicht, ich weiß, dass so was nicht leicht ist. Mattes und ich, wir haben auch schon einiges hinter uns. Aber das ist alles kein Grund. Vielleicht bin ich da auch einfach erwachsener, was das angeht. Arbeit ist nun mal kein Ort für Menschen.

Ich schnipse gelangweilt gegen den Rand meiner Kaffeetasse und genieße das Spektakel. Schon im Mittelalter wusste man den Wert einer zünftigen öffentlichen Hinrichtung durchaus zu schätzen. Das gute Gefühl, es nicht selber zu sein. Alle haben was von so einer Bloßstellung. Manegold darf sich auf die Brust schlagen, wir dürfen zuschauen und uns überlegen fühlen, weil wir heute nicht dran sind, und Tini wird mitnehmen, dass sie sich vielleicht in Zukunft ein bisschen mehr anstrengen sollte, dass so eine Bürogemeinschaft eben primär bedeutet, dass du nicht nur an dich selbst denkst, sondern auch an uns, die durch deine Fehler in ein schlechtes Licht gerückt werden.

Irgendwann verstummt Manegolds Geschrei, und die beruhigende Melange klingelnder Telefone und rastlos tippender Zeigefinger legt sich wieder über unser Büro. Ich liebe es, nicht Schuld zu sein. Denn wenn die Welt schon schwarz-weiß sein muss, dann doch lieber bei den Weißen mitspielen, den Gewinnern. Wer das eklig findet, ist Idealist. Jetzt weiter Zahlen durch Excel-Tabellen scheuchen. Ich will den Sinn dahinter nicht hinterfragen, denn das macht unglücklich. Für irgendetwas wird das alles schon gut sein. Aber ich kann mich nicht konzentrieren. Immer wieder will ich mich verlieren in meiner Tabelle, doch kurz bevor ich in dieses zenhafte Ist-doch-egal-wofür-es-gut-ist hineingleiten kann, fängt Tini wieder zu heulen an. Ich schlucke das weg, einmal, zweimal. Möchte sie, dass ich sie tröste? Mich tröstet doch auch keiner. Beim dritten Schluchzer rollt mein Bürostuhl fast wie von selbst genervt zu ihrem Tisch.

«Hey», flüstere ich.

«Na?», flüstert Tini zurück.

Dann lächelt sie schief und wischt sich eine Träne aus den Augenwinkeln.

«Was ein Arschloch», quält es sich heiser aus ihr hervor, verschwörerisch. «Das dritte Mal diesen Monat.»

Ich weiß nicht, was ich darauf sagen soll. Wir sind hier schließlich auf der Arbeit.

«Meinst du nicht, dass du es dir da ein bisschen einfach machst?»

Wie gut es tut, einfach mal ehrlich zu sein.

Und dieses gute Gefühl hält bis in den Abend, als mich mein Mattes schon an der Haustür begrüßt. Den ganzen Tag zu Hause arbeiten, wie sehr ich ihn manchmal beneide darum. Keine Kollegen, die es sich einfach machen.

«Wie war dein Tag?», fragt er beiläufig, als wir gemeinsam in die Küche schlendern.

«Nicht besonders», antworte ich knapp und erzähle von Tini, während mein Blick die Küche nach einer Flasche Wein durchstöbert.

«Ich finde es echt nicht okay, wie die das Team hängenlässt, nur weil sie vielleicht gerade zu Hause Stress hat, weißt du? Ein bisschen mehr bei der Sache sein, dann passiert so was nicht. Und Manegold muss die nicht schon wieder ermahnen. Der macht das bestimmt auch nicht gerne. Da hilft's ihr auch nicht, wenn sie unschuldig mit ihren scheiß Kulleraugen klimpert. Das wirkt echt so krass billig. Und vor allem soll die aufhören zu heulen.»

«Wow», sagt Mattes dünn und trüb und blickt leer an die Küchenwand.

«Ist was?», frage ich.

Mattes ringt mit sich, druckst fast herum.

«Boah, du jetzt nicht auch noch», raune ich genervt.

«Ich hätte nie gedacht, das mal zu dir zu sagen, Henni», presst Mattes dann präzise hervor, «aber irgendwie bist du ein ganz schönes Arschloch geworden.»

«Was soll der Tonfall jetzt, bitte?»

«Na ja, guck dich halt mal *an*.»

«Ja», fauche ich. «Was gibt's denn da anzukucken?»

«Wie eklig du gerade bist. Merkst du das gar nicht mehr?»

Mattes durchlöchert mich mit seinen Blicken. Meine Sehnen spannen sich.

«Du weißt doch überhaupt nicht, wie das ist bei uns auf der Arbeit!», will ich explodieren. Aber dann – stumme Fehlzündung, während Mattes irgendwelche Worte in seinem Mund umherkreisen lässt. Wie Sherry in einem verfickten Glas, und ich hasse es, wenn er das tut, wenn er die Worte vorher auf ihren Geschmack testet. Denn nie sind sie dann unbedacht. Immer nur ein kalkulierter Todesstoß. Und diesmal – nimmt er meine Stimme dafür, meine Worte, die er so perfekt imitieren kann, wenn er muss.

«Hör auf zu heulen, Liebling.»

Und das ist das Letzte, was wir diesen Abend sprechen. Ich bin Stein.

Er steht auf, so wunderbar unsicher, wie er das immer tut, wenn ihm das Bein eingeschlafen ist vom Sitzen, winkt ab und greift nach seiner Jacke. Er schüttelt den Kopf dabei, immer wieder schüttelt er den Kopf und murmelt nur noch zu sich selbst, dass er mal kurz Luft brauche. Nicht zu mir, mehr zu der Wohnung als zu mir scheint er zu sprechen, und dann ist er fort, zur Tür hinaus, ohne Verabschiedung oder unser «Ich liebe dich», das selbst fällt, wenn er im Supermarkt eine Reihe weiter geht als ich. Da ist nichts.

Die Tür fällt ins Schloss.

Und *ich* soll das Arschloch sein?

Hör auf zu heulen.

Ich heul doch gar nicht. Wutschwer wuchte ich mich im Küchenstuhl herum und starre nach draußen in die Dunkelheit. Da liegt eine ganze Welt da draußen, eine ganze, beschissene Welt hinter meinen salzverklebten Augen, in der so viele Menschen Arschlöcher sind. Und ausgerechnet ich soll dazugehören?

Ausgerechnet ich?

«Ich hab noch nie dazugehört», will ich Mattes hinterherschreien, «ich bin noch nie eine von denen gewesen, noch nie eine von irgendetwas gewesen, und ausgerechnet jetzt, ausgerechnet jetzt, wo ich langsam damit anfange, mal irgendwo dazuzugehören, da müssen es natürlich direkt die Arschlöcher sein, oder was? Ist klar.»

Aber er würde mich ja ohnehin nicht hören, egal wie laut ich schreien könnte. Also bleibe ich still und kämpfe nicht. Wie ich das immer getan habe. Ich habe nie gekämpft für etwas, das mir wirklich was bedeutet hätte. Nicht für mich oder diese blöde Schreiberei, nicht fürs Lesen oder Ich-selbst-Sein. Ich habe nie gekämpft.

Völlig blind ramme ich meine Hand um den kleinen gelben Aschenbecher auf dem Tisch, hole aus, so weit, als wolle ich die Wut hinter meinen Gedanken zu fassen kriegen, und schleudere ihn an die Wand neben der Glastür, ohne noch einmal hinzuschauen. Mein Blick ist längst woanders, sucht eine Flasche von diesem lächerlichen Wein, den mir Mattes immer mitbringt, wenn es mir schlechtgeht, der viel zu beschissen schmeckt für den Preis. Mattes hat damit gekocht, aber natürlich wieder so verschwenderisch, dass bestimmt nichts mehr übrig ist. Ich schmecke so was, ich schmecke doch, wenn jemand zu großzügig ist mit Wein beim Kochen, und wie ich das hasse. Wie ich das hasse, wenn Mattes so verschwenderisch ist und wir nicht mehr wild. Nicht mehr die Hälfte schon beim Kochen austrinken, sondern Sahnesauce daraus machen und ordentlich verkorken und zurückräumen ins Regal. Wie ich das hasse, dass Mattes ein Jahr jünger ist als ich und ich immer die Vernünftige, dass immer ich es bin, die sagt, dass man irgendetwas nicht tut und dass irgendwas nicht geht.

«Na, guck dich doch mal an», hat er gesagt.

Was soll ich mich denn ankucken, lieber Mattes, was gibt's da noch zu entdecken?

Wütend sind meine Füße jetzt, wie sie auf den Boden stampfen und mich vom Stuhl tragen, durch die Küche in den Flur, ins Bad, ins Wohnzimmer und zurück, ohne eine Ahnung, wohin ich eigentlich will. Immer am Spiegel vorbei, in dem ich mich wahrscheinlich mal anschauen soll, obwohl ich doch schon längst alles weiß, was ich bin.

Und dann muss ich tatsächlich heulen. Tränen kochen aus meinen Augen, der Deckel in meinem Kopf tanzt vor zu viel Druck darin. Ich spüre Wimperntusche über meine Wangen spülen. Mein ganzer Kopf heißrot und übervoll, aufgedunsen und kurz davor zu platzen. Ich wühle einen Korkenzieher aus der Schublade und wische mir mit dem Ärmel der Bluse durchs Gesicht, um meine Zigaretten im Flur zu finden und den Kellerschlüssel. Den ganzen Weg nach unten heule ich. Soll ich doch, hat Mattes gesagt. Stoße die Kellertür auf, Licht an. Weinregal.

Mein Gott, wir haben wirklich ein Weinregal, schießt es mir

durch den Kopf. Ich will es packen, umwerfen, die ganze spießige Tatsache, dass wir mit Mitte dreißig ein fucking Weinregal besitzen und ihn nicht mehr aus Tetra-Packs trinken, auf den Boden schmettern und zertreten, aber was würde das bringen? Mit voller Wucht treibe ich das gewundene Metall in den erstbesten Korken.

«Prost, du Arschloch!», denke ich, hebe die Flasche in Richtung Tür und dann endlich an den Mund. Kühl und weiß.

«Ha!», stolpert es aus mir heraus, als ich die Flasche absetze und nach Luft schnappe. Trotzig schüttle ich den Kopf.

Mich ein Arschloch zu nennen, das könnte dir so passen. Im Büro sind alle Arschlöcher, Mattes. Du hast doch keine Ahnung, wie das ist, für mich, immer das Schätzchen zu sein, immer Herzchen, immer fleißig und hübsch dazu. Auch abends bloß nicht verschwitzt zu sein, sondern sexy. Es mir nie einfach zu machen, da hast du doch keine Ahnung von, wie das ist. Du kommst morgens in dein Arbeitszimmer und pflanzt deinen Schwanz auf deinen Stuhl und bist. Bist einfach. Bist einfach und musst niemand sein, nicht erwachsen oder schön, nur du. Und das ist so unfair. Du hast doch keine Ahnung, wie schwierig das ist, für mich, so groß zu sein und erwachsen und nicht so ein beschissener Kindskopf, der immer das Wohnzimmer schmutzig macht und sich Lego-Spielzeug kauft. Ich will das doch auch sein. Ich will doch auch wieder spielen dürfen.

Atmen, Henriette, einatmen, ausatmen. Scheiß drauf. Jetzt heule ich ja doch. Genau wie Tini.

«Oh Mann», denke ich mir. «Vielleicht ist was dran.»

Trotzig schüttle ich den Kopf. Nein. Nein, das war richtig, was du da gemacht hast. Kurz suchen meine Schritte halt. Ich wanke ein wenig, muss mich am Regal festhalten, an diesem verschissenen Weinregal. Die Wut ist plötzlich verraucht darüber, ein kleines bisschen zumindest, abgelöst von dem schlechten Gefühl, schon viel zu lange alt zu sein, ohne es zu merken.

Schnaubend muss ich lachen, ein kleines bisschen. Gerade war da noch so viel Wut, und jetzt? Jetzt schleicht mein Blick unentschlossen den Keller umher, auf der Suche nach einem neuen Gefühl, ganz still, ganz heimlich, an dieser Weinflasche vorbei, vorbei an der Wut über Mattes und das «Arschloch», herüber zu diesem Berg aus Gerümpel, den wirklich jeder Mensch im Keller zu haben scheint und der die Wohnung und das Leben wie ein Anker an der Vergangenheit festhält. Was wohl mein Ballast ist, frage ich mich.

«Alles, was hier steht», antwortet mein Verstand.

«Sieht gar nicht so viel aus», meine ich.

«Das täuscht», raunt der Verstand zurück. «Ich meine, guck dich doch mal an. Oder guck dich zumindest mal um. Ist doch alles voll hier mit nutzlosem Scheiß aus 30 Jahren Kindergarten.»

«Immerhin steht's nicht in der Wohnung rum. Oder im Leben.»

«Bist du sicher?», fragt mein Verstand.

Keine Ahnung, ob ich sicher bin.

«Gibt nur einen Weg, das rauszufinden», antworte ich also, und wie von selbst krallen sich meine Hände die erstbeste graue Mülltüte, um sie aufzureißen.

Mein Atem stockt. Vorführeffekt.

Roter Kunststoff starrt mich vorwurfsvoll an. Eine Kaffeemaschine. Meine alte, quengelige rote Kaffeemaschine. Mit der ich gemeinsam mein erstes Buch geschrieben habe. Die so treu und unfähig Kaffee kochte all die Nächte. Die so sehr zu mir gehörte wie meine große Klappe. Die ich eigentlich vor sieben

Jahren wegwerfen wollte, an diesem gottverdammten 28. Mai. Weil die Zeit einfach vorbei war, vorbei sein sollte, endlich vorbei sein sollte. Ich habe sie weggeworfen, weil sie kein Teil mehr von mir sein konnte, diese Zeit. Weggeworfen. Und doch ist sie hier. «Mattes, du Schlonz», denke ich kopfschüttelnd. «Du blöder, romantischer Schlonz. Warum bewahrst du so was auf, ohne dass ich das weiß?»

Schon wieder Tränen. Zwei Mal sind wir umgezogen. Vielleicht sind wir weggelaufen. Und du hast die einfach gerettet. Aus dem Müll gefischt damals und in einem Beutel versteckt, obwohl du doch meintest, es sei Zeit für etwas Neues, zwei Umzüge lang meine Vergangenheit mitgeschleppt, ohne sie mich tragen zu lassen. Ohne mich das wissen zu lassen. Warum tust du das?

Ich weiß nicht, wie lange ich da sitze und heule. Oder weshalb eigentlich. Ich weiß nicht, ob mich etwas überkommt oder untergräbt, ich weiß nicht, ob mich eine Erinnerung fortspült oder sanft woanders hinträgt, ob es Sog ist oder Auftrieb. Ob Kaffeemaschine oder der Wein, was da an mir rüttelt. Irgendwann lasse ich die leere Weinflasche neben mir auf den Boden sinken. Ein leichtes *Pling!* erfüllt den Kellerraum.

Hell ist es und durchdringend, dieses Geräusch, als wenn man das Ende einer Schreibmaschinenzeile erreicht. Damals mit den Schreibmaschinen, da gab es keine automatischen Absätze, wenn man schrieb. Dafür gab es einen Hebel und später dann eine Taste. Und das klang ganz genau so. *Return* hat man die genannt. *EOL* – End of Line. Nicht *Enter.* Oder *Eingabe. Return.* Und *Return* war ein Sprung zurück und gleichzeitig ein Sprung nach vorn, *Return* ließ dich zurückkehren an einen Ort, an dem wieder Platz war. Nichts gelöscht, nur eine neue Zeile aufgemacht, die Möglichkeit, vielleicht etwas ganz anderes zu schreiben. *Return* ließ dich zurückkehren an einen Anfang, den du noch nicht gemacht hattest. Ich würde auch so gerne *Return* drücken in meinem Leben.

«Mach doch», sagt irgendetwas. Vielleicht die Kaffeemaschine.

«Wie denn?», frage ich mich.

«Indem du endlich mal 'nen Punkt machst», antwortet sie. «Das wäre doch ein Anfang, so ein Ende. Oder?»

Ich versuche zu lächeln.

Repariert, was euch kaputtmacht!, lallt mein dummer, dummer Kopf noch. Einen Punkt machen, also. *Return.*

Neue Zeile.

So viel Platz.

UNTERGÄNGE

Erinnerungen bleiben länger frisch, wenn man sie im Keller aufbewahrt.

Weißweinverhangen ringt meine verschwommene Gegenwart auf diesem kühlen Kellerboden mit einer viel zu klar umrissenen Vergangenheit. Als meine Finger sich nicht entscheiden konnten zwischen Abschlussarbeit und dem ersten Roman und einfach beides tippten. Mir hat immer der Mut gefehlt, mich für irgendetwas zu entscheiden. Irgendetwas klar zu *sein*. Um das Problem zu lösen – kaufte ich mir eine Kaffeemaschine, die so unfassbar laut Kaffee hervorwürgte, dass man es fast für ein Gespräch halten konnte. Das gab mir das Gefühl, mich nicht alleine für etwas entscheiden zu müssen. Eine Komplizin für jeden tollkühnen Plan, den ich nicht alleine verantworten wollte. Natürlich weiß ich, dass Kaffeemaschinen nicht sprechen können. Aber ich tat gerne so. Es war ein Spiel, Phantasie. Was für ein Kinderkram, so im Nachhinein betrachtet. Als Erwachsene spielt man nicht, man tut nicht so, *als ob*. Man tut, *wie es ist*.

Aber ich war klein, damals. Eine, die es sich einfach machte.

«Das wird super. Du machst das Richtige», blubberte meinte rote Kaffeemaschine also jeden Morgen, wenn ich an den Schreibtisch ging, um dieses Buch zu schreiben, und irgendwann gaben die Verkaufszahlen ihr recht.

«Du solltest dringend ein zweites Buch schreiben», meinten dann alle. Mein Lektor, meine Eltern, mein Bruder und nicht zuletzt meine Kaffeemaschine, die ich heimlich Frau Liebling nannte. Meine große Schwester, die immer die richtigen Worte fand.

Die richtigen Worte. Kurz muss ich zynisch lachen, als es mich auf den Kellerboden der Tatsachen zurückzieht. Die kleine rote Frau Liebling, noch halb eingeschlagen in einen grauen Müllsack, schweigt. Vielleicht ist das gerade besser so. Denn irgendwann fragte ich mich, ob es eigentlich in Ordnung sei, die eigene Kaffeemaschine standrechtlich erschießen zu lassen.

Ihr Blubbern war zu einem Röcheln verkommen, was meinen eigenen Zustand ganz gut widerspiegelte. Alles röchelte nur noch, der Gang zum Schreibtisch, jedes Wort, das ich mir abrang, jede Idee eine schlechte Erinnerung. So wie diese hier. Der berühmte 28. Mai 2010, den mein Kopf immer noch nicht loszulassen vermag.

Ich war eine knappe Stunde zu Hause, frisch beschämt aus der Drogerie, hatte eine wirklich exzellente Feierabendzigarette geraucht und Kaffee aufgesetzt. Ich musste schreiben. Unbedingt musste ich das. Denn das war schließlich, wer ich war. Wer ich sein wollte. Schriftstellerin.

Mir war klar: Meine Kaffeemaschine würde es nicht mehr lange machen. Sie produzierte den Kaffee in einer Qualität und Lautstärke, als wäre sie bereits tot, hätte das aber noch nicht mitbekommen. Sie weigerte sich in dem Punkt standhaft, Nägel mit Köpfen zu machen. Es ist paradox. Wo Kaffee doch die Lebensgeister wecken soll.

Mattes hatte am Morgen noch gemeint, dass man sich auch einfach eine neue Kaffeemaschine kaufen könnte, gerade wenn zum Beispiel vor kurzem das erste gar nicht so schlechte Buch von einem erschienen sei. Finanziell wäre das durchaus drin, meinte er. Ich meinte, dass es ohne diese rote, quengelige Kaffeemaschine besagtes Buch wahrscheinlich gar nicht gäbe und sie deshalb zur Familie gehörte.

Auch wenn es albern klingt, aber Dinge begleiten mich so viel intensiver, als die meisten Menschen das könnten. Frau Liebling und ich, wir haben gemeinsam so viel Leben gemeistert, so viele Tiefschläge und hoffnungsvoll aufgerissene Briefe hinter uns gebracht, so viele schlaflose Nächte in Boxershorts und BH am Küchentisch. Zugegeben, vielleicht neige ich dazu, Gegenstände emotional aufzuladen. Geschichten mit ihnen zu verknüpfen. Aber woraus bestehen Leben denn schon, wenn nicht aus Geschichten? Da ist doch sonst nichts.

Mit den Augen verliebt hängengeblieben an meiner gebrechlichen roten Kaffeemaschine, presste ich mir an jenem Abend meine zweite Feierabendzigarette zwischen die Lippen, während meine linke Hand blind durch den Kühlschrank tastete, um darin noch Milch zu finden. Mein Feuerzeug klickte zweimal vergeblich, flammenlos, und während der dritte Funke endlich zündete, konnte ich mein Telefon auf der Terrasse summen hören. Die Lungen voll von Rauch, stöhnte ich. Ließ den Kühlschrank offen und mich von leichten Füßen durch die Tür nach draußen tragen.

«Ralf», sagte das Display wie befürchtet, und «privat». Wenn dein Lektor dich von zu Hause aus anruft – ganz schlechtes Zeichen. Einen Zigarettenzug lang wog ich das Telefon in der Hand und überlegte, ob ich nicht vielleicht gerade in der Badewanne lag oder Sex hatte, nahm dann aber doch ab.

«Ralf.»

«Henni. Kannst du grad?»

Er hatte diese Schlechte-Neuigkeiten-Stimme aufgelegt, die ich noch vom letzten Buch kannte, wenn er wieder dreißig

Seiten komplett rot angestrichen schickte, um zu fragen, ob ich die nicht noch mal neu schreiben könne, weil die irgendwie «nicht so richtig gut» wären. Genau die Stimme hatte er, und da ich ihm lediglich die ersten fünfzig Seiten meines neuen Buches geschickt hatte, die aber bereits zum vierten Mal, musste ich kurz die Augen schließen, um nicht *direkt* durch die Leitung zu kotzen. Natürlich müssen Seiten, die «nicht so richtig gut» sind, noch mal neu geschrieben werden. Es war vielmehr diese betuliche «Du, das ist eigentlich total super, bis auf die Tatsache, dass es halt scheiße ist»-Kommunikation, die mich bekloppt machte.

Die Leitung räusperte sich.

«Bist du noch dran?», fragte Ralf besorgt.

«Ja, 'tschuldige.» Ich schüttelte den Kopf, wie um diese Gedanken zu verwirren, die da in mir herumtollten. Kopfbeben. Und alle Unvorsichtigen und Übermütigen mussten innehalten, bevor sie weiterspielen durften. Das gab mir Zeit zu antworten.

«War grad abgelenkt», sagte ich. Drinnen in der Küche hörte ich den offenen Kühlschrank surren. «So. Bin da. Gib's mir direkt. Wie viel von dem, was ich dir geschickt habe, ist scheiße?»

«Alles.»

«Das ist viel.»

«Jau», sagte Ralf, «ich meine, das ist alles wirklich sehr schön. Also, handwerklich, muss ich sagen, ist das ... okay.»

«Okay?», fragte ich zögernd. «Und wo liegt dann da das Problem? Ich meine, das Exposé fanden doch alle super. Hab da an der Geschichte jetzt auch nix mehr gedreht. Das ist eins zu eins, was wir besprochen hatten, von der Handlung her. Oder hab ich da was missverstanden?»

«Nee, das ist alles okay.»

Ralf zögerte sein berühmtes Ralf-Zögern. Eine Zeitspanne, die mir das Gefühl gab, dringend etwas antworten zu müssen. Jeder kennt diese viel zu langen Pausen, die einen zu einer Antwort zu nötigen scheinen, und wenn man es dann tut, stellt man fest, dass der andere eigentlich noch was sagen wollte und nur sehr, sehr lange mitten im Satz nachgedacht hat. Manche setzen diese Denkpausen verbal wie ein Komma, andere wie einen Gedankenstrich oder gar einen Absatz.

Ralf hingegen, –

fing einfach eine neue Seite an.

«Aber irgendwie», fuhr er also Jahrhundertsekunden später schleppend fort, «irgendwie reicht *okay* halt nicht.»

Dann wurde es still zwischen uns, und nur das leise, warme Rauschen der Verbindung zwischen Bochum und Berlin überlebte. Ich wartete eine Weile, ob da vielleicht noch was kam. Ob Ralf vielleicht noch einmal eine seiner Ralf-Pausen machte, um irgendetwas gründlich zu durchdenken, denn dabei hätte ich ungern unterbrochen.

Das Telefon am Ohr, spazierte ich zurück nach drinnen. Auf dem Küchentisch schlummerte Goosens *Liegen lernen*, die letzten zehn Seiten aufgespart wie guten Whisky. Daneben zerlesener Kafka. Ralf schwieg. Und der Kühlschrank stand immer noch offen. Warf gelbes Licht und ungesundes Rattern in die Küche.

«Bist du noch dran?», fragte diesmal ich in das Stillleben hinein, während ich die Kühlschranktür zustupste.

Wie viel Zeit ich doch damit verbringe, darauf zu warten, dass andere mir ihre Meinung sagen, dachte ich.

«Ja», sagte Ralf, «ich bin noch dran. Aber ich fürchte, dass wir ein Problem haben.»

Ich weiß noch, wie gerne ich darauf geantwortet hätte. Vielleicht etwas Witziges, Vorlautes, wie es meine Art war, aber da waren nur meine Hände, die sich um Telefon und Kaffee krallten und meine ganze Kraft verschwendeten.

Sich an sich selbst festzuhalten ist furchtbar sinnlos, wenn man fällt. Und ich merkte, dass ich fiel. Nicht was er sagte, sondern wie er es sagte, hatte einen Graben unter mir gerissen. Und ich fiel. Presste meine Lippen aufeinander, blutleer. Das ist so ein Tick, den werde ich nicht los. Von außen sieht das wie Lächeln aus, sagt Mattes. Sagen alle. Vielleicht passt das, vielleicht war meine Seele damals leichtfüßig genug, auch in den Schrecksekunden lächeln zu wollen. Im wahrsten Sinne unbeschwert.

«Ein Problem also.»

Das war nicht sonderlich gewitzt, gebe ich zu. Aber man nimmt, was man kriegt.

«Die Sache ist die», meinte Ralf, «wir sind da jetzt eine ganze Weile dran mit dir. Bald ist Katalogkonferenz fürs Frühjahr. Da muss ich wissen, wie und ob wir das platzieren wollen. Und, ganz ehrlich, ich sehe das irgendwie nicht.»

«Was genau siehst du nicht? Wann das Buch erscheinen soll?»

«*Ob.*»

Falls mich in meinem späteren Leben mal wer fragen sollte, wie genau sich das anfühlt, wenn einem das Universum unter den Füßen weggezogen wird – ab jetzt hatte ich eine ziemlich gute Antwort darauf. Genau so. Ich weiß nur nicht, ob das immer so kampflos geschehen muss.

«*Ob?*», fragte ich noch verunsichert hinterher, obwohl an

diesem Punkt schon alles gesagt war, was ich nicht hören wollte.

«*Ob*», antwortete Ralf. «Henni, du bist toll. Wirklich. Aber was du gerade machst, was du da schreibst, das ist nicht, was wir uns vorgestellt haben. Ich habe da lange mit Sabine drüber gesprochen, und wir sind beide zu dem Schluss gekommen ...»

«Ich verstehe.»

Tonlos. Einatmen, eins, zwei, ausatmen.

Sei ein großes Mädchen, dachte ich.

«Ihr wollt den Vertrag auflösen, richtig?»

Ralf zögerte, aber dieses Mal nur kurz.

«Ja. Tut mir leid.»

«Verstehe», sagte ich noch einmal. Meine Kaffeetasse sank auf die Arbeitsplatte, an der ich lehnte, und ganz langsam lösten sich meine Finger von ihr. Wie eine Würgeschlange fielen sie ab von dieser Tasse, ermüdet von diesem sinnlosen Gerangel gegen ein stumpfes bisschen Kampfgeist. Ich war müde.

«Das ist alles kein Beinbruch», murmelte Ralf noch in diesen leeren Kopf von mir. «Keiner ist hier sauer oder böse oder enttäuscht. Aber wir können gerade einfach kein Buch mit dir machen.»

«Ihr könnt nicht – oder ihr wollt nicht?»

«Ganz ehrlich? Wir können nicht. Tut mir leid, das so hart zu sagen.»

Ein kleines bisschen Eis hatte sich in unsere Stimmen geschlichen mit den letzten Worten, die wir da tauschten. Da war kein Unmut, nur eine ganz unerwartete Endgültigkeit in seinen Worten. Sie würden kein Buch mehr mit mir machen. Sie konnten nicht. Weil nicht gut war, was ich schrieb.

Wir redeten über Vertragsauflösung. Und über die Kontonummer, auf die ich meinen Vorschuss für dieses zweite Buch, das ich jetzt nicht schreiben würde, zurücküberweisen konnte. Vielleicht sollte ich mir da irgendetwas zu notieren, dachte ich noch, aber die Gedanken kreisten doch nur um diese beschissene Floskel «Zukunft» und wie die aussehen sollte und dass ich neue Briefköpfe brauchte, auf denen etwas anderes stand als «Schriftstellerin».

Ich hatte nie einen Chef gehabt. Aber der Chef, den ich nie hatte, der feuerte mich gerade.

Und ich fragte mich: Ist man eigentlich noch Schriftstellerin, wenn man keinen Verlag mehr hat? Wenn man nicht mehr schreibt? Dann gab ich die Frage an Ralf weiter.

«Bin ich jetzt noch Schriftstellerin?», schob ich fast schüchtern durch die Leitung.

Ralf schwieg. Ich schwieg.

«Das musst du entscheiden», sagte er dann.

Irgendwann legten wir auf.

Behutsam schüttete ich den Kaffee in die Spüle, knipste die Maschine aus, ganz zärtlich und ein letztes Mal. Zog den Stecker und schaute ihr beim Abkühlen zu. Wir hatten so viel Zeit miteinander verbracht, meine Kaffeemaschine und ich, so viele Zeilen gemeinsam geschrieben und so viele Momente verschwendet auf das Kinderspielchen «Schriftstellerin», die in der letzten Stunde hier verpufft waren.

Es ist Zeit, dachte ich dann. Zeit, mal erwachsen zu werden und den Kinderkram sein zu lassen. *Das* dachte ich. Und dass ich wirklich dazu neige, Gegenstände emotional aufzuladen, und dass das Unsinn ist. Denn es sind nur Dinge, und Dinge stehen rum und nehmen Platz weg und versperren die Sicht. Ich musste schlucken und denken an die vielen Kaffeemaschinenstunden, die so vergeudet schienen jetzt.

Und dann, dann ging alles schnell, schnell, schnell. Schnell riss ich die Schublade neben der Spüle auf, schnell einen großen grauen Müllsack von der Rolle gerissen und aufgeschüttelt, in meiner großen, dunklen Küche, die mich umarmte.

Und dann, ganz langsam, ließ ich meine Kaffeemaschine, meine kleine rote Kaffeemaschine, in diesem Müllsack verschwinden. Das war die erste Entscheidung, die ich traf. Nach über dreißig Jahren traf ich die erste wirkliche Entscheidung. Ich fühlte mich ganz furchtbar klein.

Neue Kaffeemaschine. Und direkt danach zum Arbeitsamt.

Irgendetwas sein, statt verdammt noch mal mein ganzes Leben immer nur etwas zu werden. Irgendetwas Richtiges. Henriette Liebling, die sich in jedem Brief geliebt fühlte, zu Hause in der Oskar-Hoffmann-Straße, das war die Entscheidung an diesem ewigen 28. Mai, diese Henriette würde zum ersten Mal in ihrem Leben wirklich etwas *sein*. Ab dem nächsten Morgen zum Beispiel für den Anfang: arbeitslos.

WARNUNG VOR DEM HUNDE

Mein Kopf dröhnt. Der Wein hat eine Kathedrale darin auf-
gebaut, und die letzte Nacht steht noch laut rufend im
Kirchenschiff und erfreut sich an den unverständlichen Echos.
Ich würde ja gerne zuhören und verstehen, aber der Tag und
die Schuldgefühle hämmern unermüdlich gegen die Jalousien.

Ich habe mich krankgemeldet. Liebeskummer ist auch
krank sein. Lebenskummer ist auch krank sein. Und Kater.
Alles ist krank sein, wenn es sich nicht richtig anfühlt. Und es
fühlt sich schon eine ganze Weile wirklich nichts mehr richtig
an. Elka hat mir vor zwei Minuten gute Besserung gewünscht.
Noch immer halte ich das Telefon am ausgestreckten Arm über
meinem Kopf, starre auf das Display, das keine neuen Anrufe
zeigt. Keine Nachrichten. Frustriert und schlaff kippt mein
Arm samt Telefon zur Seite, schlägt sanft auf Mattes' Kissen,
unberührt mahnt es neben mir, fängt mich in seiner Leere auf,
verschluckt meine Hand fast.

Ich starre zur Seite auf die weiße Schlafzimmerwand, die
ich sonst nie zu sehen bekomme, weil da immer Mattes liegt.
Da ist viel mehr Leere, wenn niemand mir die Sicht darauf
nimmt. Fast schon zehn Jahre nimmt Mattes mir die Sicht
darauf. Zehn Jahre, seit wir in meiner Stammbuchhandlung
in Streit über Sachbücher geraten sind, der dann irgendwie
zu Kaffee und einem Beinahe-Kuss eskalierte. An dem Tag danach habe ich mein erstes Manuskript fertig geschrieben. Das
weiß ich noch. Und seither raubte mir sein Lockenkopf eben
nicht nur den Atem, sondern auch die Sicht auf die Leere, die

da sonst neben mir wäre. War alles einfacher, damals. War alles offensichtlicher. Leben war nicht kompliziert, sondern nur was man sich auszumalen imstande war. Vielleicht habe ich damals zu wenig Phantasie besessen. Da fehlten Nuancen, Rückschritte, vor allem aber: Fehler, die fehlten in meiner Planung. Und das ist okay so, wenn man Mitte zwanzig ist, denke ich mir, während ich hier liebeskummerverkatert allein in unserem Bett liege und melodramatische Gedankengänge entlangkrieche. Was macht man eigentlich, wenn man seinen Traum schon gelebt hat? Muss man aufwachen, um etwas Neues träumen zu können? Gäbe ein unfassbar kitschiges Wandtattoo ab, so ein Satz. Für Menschen, die für «Lebe deinen Traum» einfach schon zu erwachsen sind. Beziehungsweise: zu alt.

Ich ertrage diese Stille nicht. Kopfschmerzzertrümmert wälze ich mich aus unserem Bett, Tüte wuselt mir hoffnungsvoll um die Füße, als ich mich in die Küche schleppe.

«Hungrig?», frage ich rhetorisch und lasse dabei das Trockenfutter trist in seinen Napf rieseln. «Bidde schön.»

Dann ramme ich mechanisch eine Tasse unter unseren Vollautomaten und drücke wahllos eine der vier Tasten, die alle irgendwie doch nur denselben Kaffee auskotzen. Das Geräusch gemahlener Bohnen pflügt durch meinen Kopf wie ein Rasenmäher auf Diesel.

Ich nippe einen kurzen Schluck der immer schon viel zu dünnen Brühe – und kippe den Vollautomatenkaffee dann zum restlichen Spülwasser. Zweitausend Euro für die Tonne, denke ich wie jeden Morgen. Aber sich einzugestehen, dass so ein Gerät ein Fehler war – dafür ist es dann einfach zu teuer. Und wir zu stolz.

Irgendetwas hüstelt in meinem Kopf. Mein Blick schlingert herum. Auf dem Tisch meine kleine rote Kaffeemaschine, die ich gestern Nacht verrauscht zurück in meine Wohnung und mein Leben getragen habe. Unachtsam auf den Küchentisch gestolpert, hängt ihr Kabel wie ein verkaterter Arm seitlich über die Tischkante.

«Kann nicht schlimmer sein als der Kaffee aus dem Vollautomaten», denke ich schulterzuckend und lasse viel zu kurz Wasser über die staubigen Teile laufen.

«Kein Kaffeepulver» ist der zweite Gedanke und: «Scheiße! Nur Bohnen.»

«Nimm 'ne Socke und 'nen Hammer», raunt eine helle Stimme kratzig durch meinen Kopf. Es ist meine Stimme, irgendwie zumindest, nur vorlauter. Jünger.

«Bitte was?», antworte ich mir selbst und bin erstaunt, dass ich das tatsächlich in Zimmerlautstärke tue.

«Eine Socke und einen Hammer. Wie früher. So schwierig ist das jetzt nicht, Henni.»

Da spricht eindeutig eine wesentlich jüngere Henriette, eine aus dem Studium, in dem sie das ständig gemacht hat, weil sie immer die Bohnen aus der Maschine ihrer Eltern klaute. Und keine Kaffeemühle besaß. Eine, die sich selber gerne *Liebling* nannte. Und das nicht nur, weil sie tatsächlich so hieß.

«Ich kann doch jetzt nicht einfach die Bohnen in 'ne Socke stecken und dann mit einem Hammer darauf rumkloppen, bis die zu Staub zerfallen», antworte ich der jungen Stimme in meinem Kopf. «Echt mal, Liebling. Das geht doch nicht.»

«Das ist auch ganz gut zum Stressabbau, hab ich gehört. Mit einem Hammer auf Sachen einschlagen. Nicht, dass du das nötig hättest, aber ich dachte, ich sag's mal. Haben wir im Studium doch dauernd gemacht.»

«Ja, weil uns nichts anderes übrigblieb», antworte ich mir selbst etwas zögerlich. Führe ich gerade wirklich ein Selbstgespräch? So richtig auf Zimmerlautstärke? Kurz lasse ich den Abend Revue passieren – nein, an schwere Kopfverletzungen kann ich mich beim besten Willen nicht erinnern. Das hätte ich ja wohl mitbekommen.

«Früher hättest du das einfach zugelassen», antwortet die junge Stimme ungefragt, während ich wie selbstverständlich nach einem Hammer krame.

«Weiß nicht», sage ich, «kommt mir ein bisschen verrückt vor. Selbstgespräche.»

«Na ja, so lange du *weißt*, dass es Selbstgespräche sind – sehe ich da jetzt nicht so das Problem. Wenn du mich deinen Freunden vorstellen willst – *dann* sollten wir vielleicht noch mal drüber reden.»

«Wäre das nicht kontraproduktiv? Wegen dem Reden, meine ich.»

«Du weißt, was ich meine.»

Ich zögere. «Irgendwie komme ich mir ziemlich doof dabei vor, mit mir selbst über meine Probleme nachzudenken.»

Schweigen. Ich kann fast spüren, wie mich mein junges Ich blöd grinsend anlächelt.

«Du weißt, was ich meine», setze ich nach.

«Hab dich mal nicht so», lacht die junge Liebling durch meinen Verstand, «Selbstgespräche zu führen soll angeblich ein Zeichen von Intelligenz sein.»

«Okay, überzeugt», sage ich.

«Außerdem», sagt Liebling, «mal unter uns: Früher hast du das ständig gemacht. Dir Sachen ausgedacht. So getan, als ob. Einfach mal was gesagt, egal ob zu dir oder anderen. Scheiße, wir haben unseren Zahnarzt gefragt, ob er Leuten gern den

Finger in den Mund steckt. Ich finde, solche Angewohnheiten sollte man dringend am Leben halten.»

«Ja, da war ich auch noch jung und hab mir im Laden Rasierschaumproben auf den Arm geschmiert. Zurechnungsfähig würde ich das nicht gerade nennen.»

«Nee. Einfach nur ein bisschen verspielt und frei. Ich fand uns super damals.»

«Spielen ist was für Kinder.»

Liebling schweigt frustriert. Endlich ziehe ich einen Hammer aus der Werkzeugkiste.

Was für ein surrealer Moment, denke ich. Liebesverkummert mit sich selbst diskutieren, während man einen Hammer sucht, um Bohnen zu mahlen. Mein Leben hat ganz offiziell einen Tiefpunkt erreicht. Vielleicht verliere ich wirklich meinen Verstand, denke ich weiter, während ich stoisch mit dem Hammer auf ein paar unschuldige Kaffeebohnen in einer Socke einprügle, als wären sie mein Leben.

Und es ist was dran, die letzten sieben Jahre waren exakt das. Ein konstantes Zermürben. Irgendwie schien das Leben keine Mühle zur Hand zu haben, also hat es einen Hammer genommen und ganz sanft zugeschlagen, jeden Tag ein bisschen. So, dass man es gar nicht merkt, wenn wieder ein Teil von dir zu Staub zerfällt.

«Wann hast du eigentlich aufgehört, so zu sein?», fragt Frau Liebling zwischen zwei dumpfen Hammerschlägen. «Ich meine, so im Kopf. Kann das sein, dass du da ganz schön unbeweglich geworden bist?»

Wort- und gedankenlos setze ich meine erste Kanne Kaffee seit Jahren auf. Die erste, neue, alte Kanne aus dieser Maschine, die mich irgendwann nur noch gequält hat. Aus dieser Zeit.

Ich spüre, wie mein Hals sich zuschnürt. Ich will nicht

mehr darüber nachdenken. Allein schon das hier, das kostet mich so viel Kraft. Mir diese paar Minuten Freiheit in meinem Kopf zu erkämpfen, gegen die Arbeit, gegen mich, wie ich bin, gegen Mattes, der nicht hier ist. Ein paar Minuten Freiheit jede Woche, die könnte ich wirklich gut gebrauchen. Aber ich weiß nicht, ob man in meinem Alter nicht gut daran tut, alles so zu lassen, wie es ist. Ob man überhaupt noch spielen sollte, verspielt und frei dem Leben zu begegnen, wie ich das angeblich früher mal getan habe. Unvoreingenommen. Es ist ja nichts spielerisch an diesem Leben, seit sieben Jahren um sieben aus dem Haus und dann den Kopf geduckt halten, um möglichst wenig Angriffsfläche zu bieten für die ewigen Tage im Büro. Den immer wieder und wieder gleichförmigen Abläufen, damit sie möglichst wenig aushöhlen von dem, was noch von einem übrig ist. Vielleicht versteckt man sich da zu sehr. Vielleicht verstecke ich mich da zu sehr. Aus Furcht, etwas von mir zu verlieren.

Gedankenertrunken lasse ich einen großen Schluck Kaffee in meine Tasse springen. Angenehm herb und bitter duftet es mir daraus entgegen. Es riecht nach früher, hier, in dieser Küche, an diesem Tag. Und ich weiß nicht, ob ich das will. Ich bin doch erwachsen, sagt man mir, sage ich mir, und da hat das Früher doch keinen Platz, oder? Wer man war.

«Und, wie schmeckt der Kaffee?», fragt Liebling. Wie aufs Stichwort.

«Nach Socken», lüge ich zurück. «Außerdem bitter und nicht so, wie ich's mir vorgestellt hab. Man könnte fast sagen, er schmeckt erwachsen.»

«Dann mach Zucker rein.»

Genervt fixiere ich meine Kaffeemaschine. Ihr Rot strahlt mir so ungefiltert heiter entgegen, dass ich kotzen könnte.

«Wird das jetzt so ein ‹Wenn das Leben dir Zitronen gibt, mach Limonade draus›-Scheiß? Da kann ich gerade ernsthaft drauf verzichten, Liebling. Zucker auf das Leben streuen – dafür habe ich zu wenig Kleidchen mit Einhörnern im Schrank. Du kannst noch so viel Zucker auf Scheiße streuen, da wird kein Kuchen draus. Egal wie hartnäckig deine Phantasie auch ist.»

«Du, eigentlich meinte ich jetzt wirklich nur den Kaffee.»

«Oh», sage ich.

«Ja, ich schätze nicht, dass sich deine Probleme hier und heute mit 'nem flotten Spruch beheben lassen. Dafür müsstest du vielleicht erst mal aufhören, so ein zynisches Arschloch zu sein.»

«Was erlaubst du dir eigentlich?», fauche ich in die Küche, bevor mir auffällt, dass ich ja immer noch mit mir selbst rede.

«Ganz schön harscher Tonfall, den wir da mit uns anschlagen», gluckst Liebling vergnügt. «Gefällt mir. Haste lange nicht gemacht.»

«Klingt das jetzt sehr verrückt, wenn ich sage, dass es sich gut anfühlt? Also, furchtbar – aber eben auch gut?»

«Henni, du redest mit dir selbst. Nichts, was du sagst, könnte auch nur *ansatzweise* verrückt klingen. Oder wirken. Es *ist* verrückt. Aber die gute Art. Die, auf die jeder verrückt ist.»

Liebling lächelt schief.

«Oder zumindest mal war», setzt sie dann nachdenklich hinterher. «Warum ist das in deinem Kopf eigentlich nicht mehr erlaubt?»

Gute Frage, denke ich.

Was erlaube ich mir in meinem Leben? Ich erlaube mir, andere wie Dreck zu behandeln, das erlaube ich mir, um dazuzugehören. Das ist ein Preis, den ich ganz offensichtlich zu zahlen beschlossen habe. Ich habe mir erlaubt, mich von den

Arschlöchern mitreißen zu lassen. Ich habe mir erlaubt, die Würde fremder Menschen anzutasten, um davon eigene Rechnungen zu zahlen. Da hilft kein Weißwein der Welt, das ist wohl scheiße.

Ich will so nicht sein.

Ich will mich nicht fressen lassen von der Welt da draußen. Niemand muss ein Arschloch sein. Wird vielleicht Zeit, sich zu fragen, was man sich erlauben möchte. Was man sich eigentlich tatsächlich *erlauben* kann. Und wo die Grenze liegt zu Dingen, die man sich nicht *selbst*, die einem nur *andere* erlauben können. Ich fürchte, dass das zwei Sachen sind, die ich in letzter Zeit viel zu häufig verwechselt habe.

Noch spannender ist nur die Frage, was ich mir selber *nicht* erlaube. Das hier, zum Beispiel. Habe ich mir viel zu lange nicht erlaubt. Ein paar Sekunden Freiheit der Gedanken, in denen ich mir selbst mal ein paar Fragen stelle, laut, einfach weil man gerade Lust hat, mit sich selbst zu sprechen, als wäre man zweimal im Raum. Aber Erwachsene machen so etwas nicht. Und ich will doch erwachsen sein. Ich muss doch. Nur Erwachsene sind dem Leben doch *ge*wachsen.

Schon wieder würgen mich die Tränen. Immer noch schmerzt mein Kopf verkatert. Nichts ändert sich, so man nur lang genug darüber nachdenkt.

Wie konnte das alles nur passieren? Wie konnte das so weit kommen? Wie konnte ich so weit kommen? Muss nicht irgend etwas Furchtbares geschehen sein, damit ich so werde?

Die Antwort ist simpel wie niederschmetternd.

Nein. Nichts muss passieren. Nur sieben Jahre krampfhaftes Festhalten an dem, was man meint, nicht mehr sein zu dürfen. Es sind diese typischen «Weißt du noch …?»-Gedanken, die einen fertigmachen.

«Weißt du noch, damals, als ich fünfzig Mark im Sandkasten gefunden habe?»

Und dann jeden Tag als verloren und vertan abschreiben, an dem das nicht geschieht. Und es sind viele Tage.

Vielleicht braucht es einen Kater und Einsamkeit und eine Kaffeemaschine von früher, um etwas Altes loszulassen. Nicht gehen zu lassen. Los. Wie wilde Hunde. Wilde Hunde, die viel zu lang im Zwinger auf und ab gelaufen sind, loszulassen auf diesen Menschen, der sich da breitgemacht hat in mir. Den ich selbst dort nicht haben will. Vielleicht braucht es das.

Etwas mehr Biss im Leben. Oder zumindest Hunde, die sehr laut bellen, wenn man ein Arschloch geworden ist.

BAROTRAUMA

Loslassen fällt mir schwer. Auch die wilden Hunde in mir, denn irgendwie klammert man sich doch fester an diese Eckpunkte, diese definierenden Momente wider Willen, die einen doch kaltlassen sollten inzwischen.

Ich brauche eine neue Zeitrechnung. Nicht mehr um diesen Mai vor sieben Jahren kreisen. Nicht mehr Vergangenheit definieren lassen, wer man heute nicht mehr ist. Jedes Mal wird mir übel, wenn ich an diesen Tag zurückdenke. Oder an die Tage darauf. Oder an Frau Marienthal mit ihrer türkisen Bluse, den wippenden Ohrringen und dieser halbgefassten Brille, unter der sie ihr speckiges Lächeln parkte.

«Beruf?»

«Schriftstellerin.»

«Ich schreib mal ‹Arbeitslos›.»

Ich suchte diesen Hauch verschwörerischer Freundlichkeit in ihren Worten, der mir sonst meistens entgegenschlug. Aber ihr Lächeln war ein stehengebliebenes Uhrwerk, und die hochgereckten Mundwinkel trugen keine Wärme. Sie sahen nur so aus. Wie stillstehende Zeiger keine Uhrzeit zeigen, sondern nur auf eine Zahl deuten. Sie meinte das tatsächlich ernst.

«Nein, wirklich, ich bin Schriftstellerin, Frau ...»

«Marienthal», sagte sie. «Schriftstellerin also. Na, Sie sind mir ja ein Herzchen.» Frau Marienthal schmunzelte und schüttelte ihre Kurzhaarfrisur, während ihr Ringfinger resigniert auf der Backspace-Taste tanzte. «S-C-H-R-I-F-T-S-T-E-L-L-E-R-I-N», protokollierte sie dann jeden einzelnen Buchstaben, den ihr einsamer Zeigefinger in beeindruckender Zeitlupe ins Formular tippte, als wäre jeder von ihnen ein Fremdwort.

«So», verkündete sie dann stolz das Ende des Korrekturvorgangs.

Ich weiß noch, dass mich das verunsichert hat. Nicht einmal wirklich verärgert. Dieses Gefangensein in der eigenen Sicht der Dinge. Frau Marienthal zum Beispiel schien gefangen in der Annahme, Schriftstellerei sei einer dieser typischen Anführungszeichen-Berufe, die eigentlich keine richtigen Berufe sind, weil man dabei einfach keinen Hammer benutzt. Ich war gefangen darin, das als Beleidigung zu verstehen und sie als Arschloch abzustempeln. Ich war immer schon schnell in meinen Urteilen. Vielleicht hätte ich Richterin werden sollen.

Zwei Minuten. Und schon dieses ganz besondere Arbeitsamt-Feeling. Atmosphäre konnten die schon immer.

«Das ist nett», würgte ich also hervor, bevor ich mir auf die Lippen biss.

Wahrscheinlich hat jeder diesen einen Moment, der die Sorglosigkeit aus einem herausprügelt. Vielleicht tut das nicht immer weh. Ich atmete ein. Ich wollte nicht loslassen, obwohl ich mir das so fest vorgenommen hatte, ich wollte es einfach nicht loslassen, dieses Wort «Schriftstellerin». Wie albern mir das heute vorkommt. Aber damals musste ich es aus mir herausprügeln.

«Obwohl, eigentlich haben Sie recht. Ich bin ja keine Schriftstellerin mehr.»

Frau Marienthal ließ resigniert die Zunge schnalzen, und ohne den Blick von mir zu lösen, tanzte ihr Ringfinger ein weiteres Mal arhythmisch auf der Backspace-Taste herum.

«Darf ich dann jetzt also ‹arbeitslos› eintragen, damit wir weitermachen können?»

Mein bissiges Mundwerk wollte damals sicherlich austeilen. Aber was hätte ich schon sagen sollen? Alles, was ich ihr an den Kopf werfen konnte, wusste sie wahrscheinlich längst. Sie hatte ihre Rolle gefunden. Ich fragte mich, wer sie wohl vorher war. Wer ich wohl sein würde, wenn das hier alles vorbei wäre. Frau Marienthal fragte sich das ganz offensichtlich auch. Und dann mich.

«Sie haben doch bestimmt studiert, oder?»

«Ja, schon, aber ich fürchte, nichts Nützliches», scherzte ich.

«Germanistik also», war ihre bitterernste Antwort, und mein Mundwerk konnte nicht anders, als doch noch zuzubeißen.

«Sie sind ja fast so frech wie ihre Kurzhaarfrisur.»

Da wurde es dunkel in Frau Marienthals Gesicht. Aber nicht Schöner-Sonnenuntergang-dunkel, eher so Gewitter-dunkel.

«Entschuldigung», schob ich in die aufziehenden Regenwolken hinterher. «Ist mir so rausgerutscht.»

Angeblich ist das der Preis dieses Erwachsenwerdens: ein klein wenig Stolz zu schlucken in Anerkennung der Tatsache, dass es Menschen gibt, die über unser Leben entscheiden, ohne dass wir ihnen das jemals erlaubt hätten. Dass nichts von dem, was ich in den letzten drei Minuten gesagt und getan hatte, rückgängig gemacht werden konnte. Und dass jetzt von dieser Neutronenbombe der Gleichgültigkeit in ihrem aus purster Tristesse gemeißelten Büro meine Zukunft «gestaltet» wurde. Und bis heute sind mir keine Anführungszeichen untergekommen, die die Ironie des Wortes «gestaltet» auch nur annähernd vermitteln könnten. Welchen Job ich auch immer hier bekam, das würde keine vorübergehende Veränderung meines Lebens darstellen, das dämmerte mir zu diesem Zeitpunkt.

«Sind Sie eigentlich bei jedem so vorlaut? Denn dann habe ich schlechte Neuigkeiten für Sie: So werden Sie für immer arbeitslos bleiben.»

«Ohne jetzt dramatisieren zu wollen», sagte ich. «Aber ist nicht irgendwie *alles* für immer?»

«Normalerweise eigentlich nicht», schmunzelte Frau Marienthal. «Oder meinen Sie, ich besorge Ihnen jetzt den Job für den Rest Ihres Lebens?»

«Alles ist für immer», gab ich zurück. «Ich meine, ich werde *immer* diesen Job gemacht haben, den Sie mir heute vielleicht vermitteln, ich werde *immer* nicht einen *anderen* Job gemacht haben, werde *immer* vielleicht nicht die wichtigste Person meines Lebens dabei kennengelernt haben, *immer* zu diesem ganz bestimmten Zeitpunkt an einem ganz bestimmten Ort und eben nie *woanders* gewesen sein. Alles ist *für immer*. Beängstigend, wenn man mal drüber nachdenkt, oder?»

«Für jemanden wie Sie vielleicht.»

Frau Marienthal wird übrigens *immer* in diesem Moment ein Arschloch gewesen sein. Immer. Und für immer. So viel ist mal klar.

«Tut mir leid», sagte ich trotzdem überhastet und schämte mich für meine Entschuldigung. «Bin ein bisschen aufgeregt gerade. Ich bin das erste Mal arbeitslos.»

«Ach, das legt sich», raunte Frau Marienthal. «Spätestens beim dritten Mal macht Ihnen das gar nichts mehr aus.»

«Das klingt nicht so beruhigend, wie Sie vielleicht denken.»

«Das war auch nicht die Absicht», klackerte es im Rhythmus einer Schreibmaschine aus ihr heraus, und mit jeder Silbe schien ihr Finger härter auf die imaginären Tasten einzuprügeln. «Ich bin nicht hier, um Sie zu beruhigen. Es ist einfach, wie es ist. Und es ist nun mal so, dass es keine Sicherheiten gibt. Nirgendwo im Leben. Sicher ist nur, dass Sie Miete zahlen müssen.»

«Sehr philosophisch», sagte ich und konnte die Überheblichkeit in meiner Stimme nicht ganz verbergen.

«Sehr wahr», sagte sie darauf. «Und das gilt doppelt für jemanden wie Sie. Vielleicht hat man Ihnen früher noch was geschenkt, kann ich nicht beurteilen. Aber die Zeit ist vorbei. Wenn ich Ihnen einen guten Rat geben darf», hackte Frau Marienthal die Wörter in die Luft zwischen uns, bevor sie innehielt, um sich ganz verschwörerisch neben dem Monitor zu mir herüberzubeugen und in ein Flüstern zu verfallen, als dürfe die Welt nicht mitbekommen, was sie mir zu sagen hatte, «werden Sie mal erwachsen. Mich interessiert nicht, ob Sie müde sind oder aufgeregt oder ob Sie mich mögen. Sie wollen hier etwas von mir. Nicht andersrum. Ich versuche hier, meinen Job zu machen. Mehr nicht. Und ich kann auch gut damit leben, wenn Sie noch die nächsten zwanzig Jahre arbeitslos sind. Die Frage ist: Können Sie das?»

«Nein.»

Ich konnte tatsächlich nicht. Und ich konnte tatsächlich auch nicht anders, als das zu sagen. Sie hatte etwas getroffen in mir. Die Realität in meinen Kopf gerammt, so tief, dass sie mich durchschlagen und auf diesem Stuhl vor ihrem grauen Schreibtisch festgenagelt hatte. Aufgespießt. Ich war starr. Unbeweglich erschüttert.

Sie machte nur ihren Job, wurde mir klar. Wirklich. Nur. Ihren. Job. Das war nicht ihr Beruf, im Sinne einer Berufung. Da hing kein bisschen Herzblut dran an meinem Schicksal. Das war kein Märchen. Es war ein Job. Bis zu diesem Zeitpunkt schien mir die Vorstellung, dass ein Job nicht auch zwangsläufig ein Beruf sein müsse, völlig abwegig.

Aber mit dieser Erkenntnis, dieser Lektion, dass du nicht lieben musst, was du tust, da lief plötzlich alles ganz reibungslos zwischen uns.

Vielleicht war ich bis dahin wirklich ein störrischer Patient, der erst fixiert werden musste, damit ihm geholfen werden kann. Denn erst dann, wenn deine schwerelose Seele an die Wirklichkeit genagelt worden ist von so einer Erkenntnis, erst dann kann man anfangen, einen Menschen in Kategorien zu erfassen. Was er kann. Ich konnte vor allem: nicht viel Nützliches.

Ich konnte mir Dinge ausdenken, Menschen und Gespräche, Widersprüche finden und die Gründe für Verzweiflungen im Alltag sehen. Ich konnte Bilder schaffen für das, was uns unglücklich macht. Oder glücklich. Und all das, das konnte ich aufschreiben.

«Tippen können Sie also. Na, das ist doch schon was.»

«Ja», sagte ich resigniert. «Das Tippen war eigentlich immer eher der kleinste Teil meiner Arbeit.»

«Verstehen Sie mich nicht falsch. Sie haben bestimmt ganz tolle Sachen gemacht, früher. Aber Sie begreifen schon, dass ‹Schriftstellerin› jetzt kein Beruf ist, den wir vermitteln, oder?»

«Ach, klar, ich bin ja nicht blöd», winkte ich ab. «Aber kreativ arbeiten zu können ist doch eine wichtige Fähigkeit. Als Texterin in der Werbung oder Lektorin oder so. Haben Sie da was in der Richtung?»

Frau Marienthal brach in schallendes Gelächter aus.

«Sie sind ja goldig», quetschte sie hervor. «Ich glaube, Sie haben noch nicht so ganz begriffen.»

Kurz rang sie mit sich. Wischte einen letzten kleinen Tränenstreifen von ihrem Nasenflügel, räusperte sich unmerklich und fand dann eine Stimme, die ihr angemessen respektvoll schien. «Frau Liebling.» Dazu ein fürsorgliches Uhrwerklächeln.

«Schauen Sie. Sie haben einen Studienabschluss in vergleichender Literaturwissenschaft. Und Sie haben, mal abgesehen von der Schriftstellerei, keinerlei praktische Erfahrung in einem wie auch immer gearteten Berufsfeld. Keine Praktika, keine Zeugnisse, die Ihre kreative Qualifikation bescheinigen. Sie sind, was uns hier als Arbeitsvermittler angeht, gänzlich unqualifiziert.»

«Es ist also total egal, ob ich die letzten Jahre allein von meinen kreativen Leistungen gelebt und damit Geld verdient habe, solange ich kein Zertifikat ‹Hat zwei Wochen Mandalas sehr schön ausgemalt› von der Volkshochschule Bochum vorzuweisen habe?»

«Das haben Sie schön zusammengefasst. Man merkt, dass Sie was mit Sprache gemacht haben. Und nicht so viel mit Menschen.»

«Das ist nicht so richtig motivierend.»

«Na ja, es ändert einfach nichts an der Tatsache, dass Sie lediglich mit einem Studienabschluss nicht ausreichend qualifiziert sind, um Sie in die Berufe zu vermitteln, die Ihnen vorschweben. Natürlich können Sie sich eigenständig Stellen raussuchen und sich da bewerben, aber ich würde Ihnen raten, vielleicht erst einmal eine Qualifizierungsmaßnahme zu durchlaufen. Und sich eventuell realistischere Ziele zu setzen, was Ihren zukünftigen Beruf anbelangt.»

«Witzig. Das wird mir häufiger gesagt», antwortete ich und beugte mich dieses Mal zu ihr herüber.

«Ich habe nie meine Ziele angepasst», raunte ich. «Wenn ich etwas wirklich wollte – dann habe ich das auch geschafft. Ich will mir hier von Ihnen keine Angst machen lassen.»

Frau Marienthal schwieg bedächtig. Ich ließ mich langsam in meinen Stuhl zurücksinken.

«Das freut mich für Sie. Deshalb tut es mir um so mehr leid, Ihnen sagen zu müssen, dass es ab jetzt – dass es ab jetzt nicht mehr darum geht, was Sie *wollen*. Sondern darum, was Sie *dürfen*.»

Irgendwie fühlte sich gewinnen früher anders an. Irgendwie *gewinniger*. So das ein Wort ist. Es fühlte sich weniger danach an, als hätte wer alle Luft aus mir gelassen, alle Ventile geöffnet und jedes Bar Überzeugung der Außenwelt angepasst. Wie ein Taucher fühlte ich mich, der jahrelang im Überdruck gelebt hat und jetzt das erste mal in der Dekompressionskammer sitzt und spürt, wie der Druckausgleich beginnt. Zu spüren beginnt, dass er jetzt gleich wieder einer von vielen sein wird, dass er vergessen hat, wie sehr sich seine Welt und die vom Rest unterscheiden. Dass da ganz andere Bedingungen herrschen, an die sein Körper nicht gewöhnt ist. Und dass er, so wie er ist, nicht überleben kann in dieser Welt da draußen, dass es ihn zerreißen wird. So fühlte ich mich.

Und Frau Marienthal redete. Redete immer weiter, über das, was ich von nun an dürfe und müsse, in ihrem kleinen grauen Büro an diesem wunderschönen Tag, der mich in die Dekompression gestoßen hatte. An dem ich rausmusste aus dem kalten Wasser, in das ich vor Jahren voller Freude gesprungen war.

Ich würde neue kalte Wasser suchen, das nahm ich mir ganz fest vor, sobald die Dekompression vorbei war. Und wenn es Jahre dauert, dachte ich noch.

Sieben Jahre sind es inzwischen. Und so langsam beginne ich zu spüren, was es wirklich heißt, sich neuen Druckverhältnissen anzupassen. Wie es einen verformt. Fast zerquetscht.

GORILLAS IM NEBEL

Ein neuer Morgen graut mir. Der eigentlich so vertraut und zuverlässig unterdurchschnittliche Bürokaffee bereitet mir Übelkeit. Oder die Gedanken an Mattes, der nicht neben mir geschlafen hat. Es muss der Kaffee sein. Neujahrsgefühle, mitten im Sommer. Den ersten Januar verkatert verbringen und jedes Jahr aufs Neue hoffen, «es nächstes Mal besser zu machen». Weil man das eben so tut. Warum auch immer.

Das geschwungene Strateria-S *in Blattgrün* auf meinem Kaffeebecher bemüht sich, meine Netzhaut zu perforieren. Mit Erfolg. Nicht dass irgendwer für eine Nanosekunde vergisst, wo er arbeitet. Das blattgrüne Haus, wie sie das Logo gerne nennen. Warum sie uns nicht noch gleich dieses verschissene Strateria-S in Blattgrün nebst Strichcode in den Nacken tätowieren, ist mir ein Rätsel. Wäre wahrscheinlich zu teuer. Falls mal einer kündigt.

Was sind das für ungewohnt rebellische Gedanken, Liebling?, knuffe ich mir selbst in die Seite. Weiter so.

Generell sieht irgendwie alles anders aus heute. Nicht das omnipräsente Firmenlogo, das sieht so schmerzhaft anbiedernd aus wie immer, aber ich *sehe* es. Seit langer Zeit sehe ich es wieder. Dieses heimelige Wappen, das uns alle zu dieser großen, sich hassenden Familie machen soll, wie eine richtige Familie eben, nur dass wir dafür bezahlt werden, Zeit miteinander zu verbringen.

Meine Augen wandern vom freundschaftlichen Blattgrün meiner Tasse hinüber zum beruhigenden Blassblau meines

Monitors. Heute ist Update-Tag. Seit zwanzig Minuten verspricht mir mein PC, dass dies das letzte Update und vor allem gleich vorbei sein wird, während er versucht, mit der Gegenwart Schritt zu halten. *Bitte haben Sie einen Moment Geduld.* Ist es eigentlich Zufall, dass jedes Ihr-PC-arbeitet-gerade-Symbol aus einem Objekt besteht, das sich permanent im Kreis dreht?

Ich starre weiter auf das blassblaue Update-Spektakel. 2 %. Das könnte länger dauern. Ich überlege, ob es okay wäre, einfach aufzustehen und in den Park zu gehen. Ich kann nichts Produktives tun hier. Aber man bleibt wohl im Büro, auch wenn da gerade in keinster Weise gearbeitet werden kann. Macht man eben so.

«Hauptsache, du siehst aus, als würdest du arbeiten», raunt die Liebling in mir und wandelt in meinem Kopf fasziniert zwischen sich um sich selbst drehenden Sanduhren und schlechtem Kaffee die Gänge unseres Büros entlang. Kein Telefon klingelt, kein Chef schreit, es ist alles so friedlich hier. Wir kauern geduckt hinter unseren Rechnern. Tini kauert vielleicht ein kleines Stückchen tiefer als der Rest von uns, und es wird meine Schuld sein, das fürchte ich. Und ich fürchte mich immer noch davor, das zuzugeben. Update-Grübeleien. Mittendrin bin ich. Bitte den Kopf auf keinen Fall ausschalten.

Ein schlechtes Gewissen habe ich lange, lange nicht mehr gehabt, fällt mir auf, und sogleich habe ich ein doppelt schlechtes Gewissen, einmal wegen Tini und dann, weil ich so lange überhaupt keines mehr gehabt habe. Natürlich will ich mir einreden, schon lange, lange nichts wirklich Beschissenes mehr getan zu haben. Aber ich kenne mich doch. Seien wir mal ehrlich, das wird nicht der Wahrheit entsprechen.

Mein Gott, wie mich dieses Büro fertigmacht. Ich muss hier raus.

Verstohlen schaue ich mich um. Immer noch starren alle leer auf ihre Rechner. Zombies in Anzügen. Ich bekomme einen Eindruck, wie dieses Büro ohne Menschen aussehen muss.

Dann fasse ich einen kühnen Plan und schlendere unauffällig in Richtung Teeküche.

Ganz zaghaft lehne ich die Tür an und lausche dann noch einmal. Keine Schritte. Keine Stimmen. Nur das ungeduldige Scharren von Füßen, die von Drehstühlen baumeln. Die Zombie-PC-Apokalypse ist in vollem Gange, stelle ich beruhigt fest. Leise schleiche ich den letzten Meter zum Küchenschrank und schiebe ihn vorsichtig auf.

Acht Liter H-Milch starren mich vorwurfsvoll an.

«Tut mir leid, Jungs», murmle ich, greife die ersten beiden Milchkartons und öffne den Schrank unter der Spüle, um sie darin zu verstauen. Schiebe die angegilbten Kehrbleche beiseite, den großen Plastikkorb mit den Reinigungsmitteln und lasse nach und nach vorsichtig acht Liter Milch dahinter verschwinden. Dekorativ balanciere ich das Kehrblech auf meiner Skulptur, um ihr den letzten Schliff Unauffälligkeit zu verpassen.

«Wenn in zwei Jahren jemand diesen Schrank öffnet», flüstert mir Liebling ins Ohr, während ich zufrieden mein Werk begutachte, «dann wird sein erster Gedanke hoffentlich sein: Oh Beuys. Eine Milchinstallation. Wie unerwartet.» Ich grinse. Lasse die Schranktür zuschnappen und trete nach draußen auf den Büroflur, um theatralisch zu verkünden: «Oh nein. Wir haben keine Milch mehr.»

An einem Schreibtisch hebt sich ein unbeteiligter Kopf, starrt mich zwei Sekunden aus leblosen Augen an und sinkt dann wieder hinter seinen Monitor.

«Ich geh dann wohl mal einkaufen.»

Irgendjemand atmet. Und mein schlechtes Gewissen hält sich definitiv in Grenzen.

Trotzdem nehme ich es mit nach draußen. Die Treppen herunter, durch die spiegelnde Eingangshalle, direkt in die Fußgängerzone.

Langsam und bedächtig mahlen die Zähne über meine Lippe, als ich nach draußen trete, raus aus diesem Bunker voll mit Untoten. Die Zähne kneten und bohren fast, als wollten sie durchdringen zu irgendetwas, was tiefer darunter verborgen liegt, kleine, müde Bergmannszähne, die graben und graben, bis sie irgendwann vielleicht auf Blut stoßen aus lauter Verzweiflung. Ja, doch, ich erinnere mich. So fühlt sich schlechtes Gewissen an. Dieses ewige Ringen, nicht einmal mit sich selbst, nur mit dem, was richtig, und dem, was einfach ist. Zwei sehr frustrierte Seelen schlagen ach in meiner Brust. Das ist auch so ein Satz, den man gerne bemüht, wenn man eigentlich ziemlich genau weiß, was zu tun wäre, einem jedoch irgendwie das moralisch vertretbare «aber» fehlt, um sich aus der Sache rauszuwinden. Ich müsste mich einfach nur entschuldigen. Wollen. Aber.

Das denke ich, während meine Füße mich die Fußgängerzone entlangtragen. Vorbei an dem kleinen Buchladen, vorbei an Juwelieren und Eisdielen, so viele Ablenkungen, und keine davon will ich mir erlauben. Wer hat mich so gemacht? Und weshalb denke ich nur darüber nach, mich zu entschuldigen, statt es einfach zu tun? Vielleicht bin ich wirklich einfach ein Arschloch geworden. Vielleicht ist man so, wenn man erwachsen ist. Vielleicht klingt so eine moralische Bankrotterklärung. Ich habe die Angewohnheit, in meinem Kopf ins Quasseln zu verfallen, um mich selbst aus der Verantwortung zu nehmen. Einfach so lange kritische Selbstgespräche führen, bis das Zeitfenster sich schließt, bis irgendetwas Neues erörtert werden muss. Immer erst einmal alles auseinanderdenken, entzwei-denken und dann noch ein bisschen zurechtdenken, sodass es endlich in die Gedankenschubladen passt, die man sich so schön hergerichtet hat, damit viel Platz darin ist für alles, was Ecken und Kanten besitzt.

Abhaken. *Bin halt so.* Das ist wunderbar einfach.

Gedankenversunken gleite ich im Supermarkt die Lebens-mittelregale entlang. Hier hat alles seinen Platz, ist präzise auf-gereiht. Gleiches zu Gleichem, Milch bleibt unter sich, egal H oder Frisch. Egal ob fettarm oder voll. Und während ich eine ganze Palette H-Milch in meinen Einkaufswagen wuchte, frage ich mich, wo ich in diesem Lebens-Mitte-Markt wohl stünde. In welchem Regal noch Platz für mich ist. Bisher habe ich kei-nes gefunden.

«Henni», hat meine Mutter mal zu mir gesagt, in ihrem letzten Jahr hier bei uns, «du neigst dazu, die Dinge einordnen zu wollen. Auch wenn du kein passendes Fach dafür findest.»

«Ja, das hast du mir so beigebracht», habe ich auf dieser weiten, sonnigen Veranda geantwortet. «Dass die Dinge einen Namen brauchen. Und Nägel Köpfe.»

«Ja, aber doch nicht sofort. Wenn ich allem sofort einen Na-men gebe, auf den ersten Blick, dann hättest du wahrschein-lich ab Geburt ‹Ganz-schön-klein› geheißen statt Henriette. Aber ich hab eben noch mal nachgedacht.»

«Ganz schön klein?»

«Was soll ich sagen», grinst meine Mutter in der Erinne-rung. «So eine Geburt ist kein Kindergeburtstag.»

«Na ja, streng genommen schon», flachse ich.

Ich sehe, wie meine Mutter mir die Zunge rausstreckt. Gott, wie ich das vermisse.

«Was ich sagen will, ist: Du schreibst doch bei deinem Buch jetzt auch nicht einfach drauflos. Du suchst da doch auch ein bisschen nach den richtigen Worten. Und genau so muss man es doch auch mit dem Leben anstellen. Die eigene Beschreibung finden. Nicht zum hunderttausendsten Mal dieselbe Formulierung übernehmen, einfach weil man die kennt. Sich auseinandersetzen. Bevor man das direkt in Worte oder Taten gießt. Vor allem mit sich selbst. Einfach mal draufschauen, was man da so tut. Und vor allem: warum.»

«Du klingst wie so ein Therapeut, weißt du das?»

«Das mag daran liegen, dass ich einer bin, mein Schatz.»

Langsam tauchen meine Gedanken wieder auf, als die Milch über das Warenband Richtung Kasse rattert. Meine Mama hat mich immer ermutigt zu werden, statt lediglich zu sein. Ich glaube, so richtig verstehen kann ich das erst heute, knapp fünf Jahre nachdem sie das zum letzten Mal gesagt hat.

«Bleib nicht so traurig» waren ihre Worte, krebszerfressen lächelnd, und erst jetzt, in diesem Milchmoment an der Kasse, beginne ich zu begreifen, was sie mir so umständlich mitteilen musste. Ich grinse, und ich bin froh, dass ich das inzwischen wieder kann, wenn meine Mutter unangemeldet in meinem Kopf klingelt, den ich mal wieder nicht aufgeräumt habe. Sie würde lachen darüber und sagen, dass ich ganz eindeutig ihre Tochter sei.

Es ist okay, gerade nicht zu sein, was man will. Solange man wird.

Und es geht nicht darum, dieses blöde innere Kind zu finden. Sondern sich selbst nicht zu verlieren.

Gerade aber – gerade *will* ich mich verlieren. Diese Version von mir. Vielleicht um eine andere *finden* zu können.

«Das ist ausgemachter Unsinn, Kind», würde meine Mutter

sagen. Hinter mir strahlt das Schaufenster eines Buchladens etwas Hoffnung in diese triste Fußgängerzone hinein. Ich bin stehen geblieben, auch wenn ich nicht genau weiß, weshalb. Vielleicht um meinen Gedanken besser zuhören zu können. Vielleicht weil die Plastiktüte mit 8 Kilo Milch gerade an ihre Grenzen stößt.

«Dass man sich finden möchte, das soll Unsinn sein?», frage ich.

«Dass man sich dafür verlieren müsste», äfft meine Mutter mich liebevoll nach. «Gott, so schwierig ist das alles doch nicht. Du bist wahrlich *nicht auf den Mund gefallen*», setzt sie dann in meinen Gedanken zu einem ihrer großen Monologe an.

«Danke», schiebe ich ein.

«Aber vielleicht auf den Kopf.» Sie grinst dabei dieses späte Muttergrinsen, dass sie erst in den letzten Monaten draufhatte.

«Henni, wirklich. Dieser ganze Unsinn, dass man sich erst verlieren muss, um sich zu finden. Du bist doch keine zwölf mehr. So funktioniert das Leben doch nicht.»

«Wenn ich ehrlich bin, bezweifle ich, dass die Worte ‹Leben› und ‹funktionieren› in denselben Satz gehören», antworte ich.

«Eben», meint meine Mutter. «Ich meine, schau mal. Das Leben ist doch nicht wie dieses ... Dings ... dieses Telefon, das ich hatte. Das bunte. Wo alles funktionierte, aber nicht so, wie ich das wollte.»

«Dein iPhone?», frage ich.

«Genau. Mein iPhone. Das war super. Wenn man wollte, dass einem sein Telefon vorschreibt, wie man es gefälligst zu benutzen hat.»

Wir grinsen beide. Unsichtbar in meinem Kopf grinsen wir.

«Wenn man das aber eben *nicht* möchte – wenn man gerne

die Wahl hat, wo man seine Musik kauft oder wo man seinen Kram abspeichern will – dann braucht man jemanden wie dich, der sich damit auskennt.»

«Der dir ein anderes Telefon besorgt», werfe ich ein.

«Genau. So ein hässliches, das *von sich aus* – erst einmal gar nichts kann.»

«Du meinst Android.»

«Sag ich doch. Das hässliche. Das nichts konnte. Wo du deine eigene Lösung bauen musstest, aus den ganzen Programmen, die es da kostenlos für gab.»

«Was ist jetzt genau dein Punkt?», frage ich und greife ächzend die Einkaufstüte voller Milch, da ich ja nicht ewig blaumachen kann heute. Ich muss zurück ins Büro.

«Der Punkt ist, dass nicht jeder so ein iPhone-Leben führen kann. Eigentlich fast keiner. Weil Leben eben meist nicht in der *Ab-Werk-Version* funktioniert. Jeder wird da immer etwas nachregeln müssen. Und das geht sehr schlecht bei diesem iPhone. Da kannst du höchstens die Farbe ändern – aber nicht, wo es deine Musik speichert. So ein iPhone, *das* musst du vielleicht verlieren, um dich selber finden zu können. Aber bei diesem Roboterphon …»

«Android, meinst du.»

«… da kannst du einfach noch ein zusätzliches Programm draufspielen. Das die Sachen dann macht, wie du das gerne möchtest. Und ich schätze, du bist eher so der Android-Typ, was das Leben angeht. Wie die meisten anderen eben auch. Du musst leider ein bisschen mehr an deinem Leben rumbasteln, damit es so läuft, wie du willst. Und das ist völlig okay so. Das ist so gedacht.»

Ich stutze. Meine Mama hat nie so lange über Mobiltelefone gesprochen. Aber wenn, dann hätte das genau so geklungen, da bin ich sicher. So ein bisschen schief und krumm, im Grunde aber nachvollziehbar. Wie sie.

So gar nicht wie ich in letzter Zeit. Entschlossen stapfen meine Füße die letzten Kopfsteinpflastermeter entlang. Eingangshalle. Fahrstuhl.

Muss ich wirklich?, fragt mein feiges Herz. *Mich entschuldigen? Bei Tini?*

«Das ist ja nicht auszuhalten mit mir», sage ich, und ich sage es viel zu laut, um es nur für mich selbst sein zu lassen. Nicht wie ich sonst mit mir selbst spreche, wie man für gewöhnlich mit sich selbst spricht, nämlich so, dass keiner einen hört. Es ist ein Impuls, mit sich selbst eher zu schweigen, *macht man eben so.* Und ich beschließe, es *eben mal nicht so zu machen.*

Breche milchtütenbeladen aus dem Fahrstuhl hervor, stapfe entschlossen quer durch dieses Büro voller Impulse. Ich muss wirken, als sei ich wütend, doch ich bin nur entschlossen, nicht mehr auf mich selbst zu hören, nicht mehr darauf zu hören, was ich mir jeden Moment an Althergedachtem selbst einflüstere, gelernt habe, mir selbst viel zu leise einzuflüstern, damit es klingt wie ein eigener Gedanke und nicht wie ein Befehl.

Ich habe mir viel zu lange selbst nicht widersprochen.

«Tini», überspringt meine Stimme die letzten Meter fast gehetzt, und ihr brandet Tinis Abscheu aus den Augen entgegen, aus dem verzogenem Mund und den kalten Schultern, die sie mir entgegenstreckt.

«Was?», schliddert es kühl zu mir herüber, und ich muss aufpassen, auf den letzten Metern nicht den Halt zu verlieren, so schnell und eisig prallt die Frage gegen meine Entschlossenheit und lässt sie wanken. Aber nur kurz.

«Ich muss mich bei dir entschuldigen.»

«Ja.»

«Entschuldigung.»

Update-Status: 5 %.

Milch einräumen. Zurück an den Schreibtisch.

Es gibt so viele Arschloch-Impulse, die man nicht hinterfragt. Generell so viele Dinge, die ich nicht hinterfrage, meine Mutter hatte schon recht damals, es ist doch viel bequemer, die Dinge einfach zu machen, wie sie gemacht werden, ohne alles in Frage zu stellen. Man kommt ja zu nichts mehr, wenn man immer erst einmal nach dem «Warum» fragt. Und wenn man mal was hinterfragt, dann ist das bestimmt eine dieser Fragen, auf die man eigentlich keine Antwort will. Eine Erwachsene zu sein, habe ich mal gelesen, bedeute Akzeptanz der eigenen Rolle. Dass aber Akzeptanz gleichbedeutend sein muss mit Sichfügen, das stand da nirgends.

Meine Zähne nagen wieder an meiner Lippe.

Manegold stolziert in schönstem Gorillagang herbei. Den Hals vor gespannten Venen zugeschnürt, weht kochendes Testosteron zu mir herüber, der Aktenordner in seiner Hand zittert so süß. Wo ist meine Angst hin? Und bevor er sich noch breitarmig und breitbeinig an meinen Schreibtisch lehnen und ihn als sein Revier markieren kann, erbarme ich mich.

«Was gibt's?», schieße ich mit meinem freundlichsten Lächeln den Betäubungspfeil in seinen aufgeregten Hals. Man muss diese Tiere ja manchmal vor sich selbst beschützen, all das Testosteron, da werden die manchmal irrational und tun sich am Ende selber weh.

Manegold-Gorillas Ego strauchelt kurz verwundert. Vor lauter Überraschung vergisst der Mann zu schreien. Knallt mir sanft den Ordner auf den Tisch und murmelt: «Das muss noch mal neu ... bitte.»

Ich riskiere keinen einzigen Blick in diesen Ordner, wühle stattdessen kurz in meinen Schubladen nach dem gelben Post-it-Block, den ich nie benutzt habe, weil nie jemand müde wurde, mich konstant an alles zu erinnern, was ich zu tun und zu lassen hätte, und schubse ihn mit der linken Hand auf dem Schreibtisch hin und her.

Ich gönne meiner Unterlippe Pause, lasse die Zähne stattdessen an meinem Kugelschreiber nagen, das Update dreht und dreht sich im Kreis, und nach zwanzig Minuten schreibe ich. Schreibe seit sieben Jahren den ersten Satz, nur für mich. Keine E-Mail, keine Kurznachricht, keine Hotelbuchung oder Grußkarte. Einen Satz, nur für mich. Wie ich das früher häufiger getan habe, als ich noch die andere Henriette war. Als ich noch Liebling war. Die immer einatmete, bis zwei zählte und ausatmete und dabei tatsächlich etwas in sich änderte.

«Frag doch mal dich statt irgendwen.»

Das gelbe Post-it an meinem Monitor flattert aufgeregt hin und her, als ich noch einmal losstürme, über all die Eisschollen hinweg zu Tini herüber.

«Ich *möchte* mich bei dir entschuldigen», spült es aus mir heraus.

Und es fühlt sich gut an, nichts mehr zu *müssen*.

SCHAUFELN

Ich höre den Schlüssel im Schloss, während ich mir ein einsames Spiegelei brate. Was tue ich jetzt? Freudestrahlend um den Hals fallen? Was, wenn er nur hier ist, um seine Sachen zu holen? Aus der Küche rufen, als sei alles wie immer? So tun, als prassele das Bratfett so laut, dass ich gar nichts mitbekommen haben kann?

Dass Mattes zurückkommen würde, war irgendwie klar, denke ich, während ich panisch den Pfannenwender in der Hand umklammere. Mein Herz schlägt mir in die Magengrube. Ich meine, er muss ja zurückkommen. Eine Woche reicht doch, um sich abzukühlen. Und am Wochenende wird geheiratet, da muss er dabei sein. Also, nicht wir, mein Bruder.

Anders wäre das ja auch seltsam. Mein letzter Stand ist, dass wir beide heiraten furchtbar spießig finden. Also, für uns. Nicht für andere. Aber was, wenn er mich gar nicht mehr heiraten wollte? Auch wenn wir natürlich nicht heiraten werden. Weil das spießig ist. Aber was, wenn ich nicht einmal mehr die Chance hätte, darauf zu verzichten? Auf einmal scheint mir heiraten wie die beste Idee ever. Ich will nicht, dass das vorbei ist mit uns. Ich will, dass Mattes hereinkommt und mich umarmt, küsst und dass alles gut ist. Und ich will, dass das alles längst schon passiert ist, dass nicht jetzt dieser Moment ist, sondern dass der bereits gestern war und wir dann endlich zur Hochzeit meines Bruders fahren und dort alles ganz furchtbar spießig finden können.

Nicht heulen, Henriette. Einatmen, eins, zwei, ausatmen.

Sei ein großes Mädchen. Ein großes, aufgeregtes, sich schämendes Mädchen, das gerade doch erwachsen wird.

Mattes steht im Türrahmen. Schaut mich an mit seinen großen braunen Augen, und sie sind trauriger als sonst, größer noch als sonst und gleichzeitig schöner als je zuvor.

Seine Hand gleitet durch die Locken, unsicher schlurft er den Meter zum Küchentisch und lässt sich wie erschöpft auf seinen Stuhl fallen. An meinen Tisch, meinen wunderschönen Tisch aus Holz, an dem so viele wunderschöne Dinge geschehen sind.

«Hi», stammle ich. «Ich – brate mir gerade ein Ei.»

Sätze für die Ewigkeit, ich weiß. Aber was soll ich auch sagen?

Verschämt husche ich die Pfanne von der heißen Herdplatte, und in zwei Schritten bin ich auch am Tisch, sitze, bevor ich darüber nachdenken kann.

«Das war doof gerade», schiebe ich hinterher. «Schön, dass du da bist.»

Mattes schweigt. Sein Blick wandert durch die Küche, als sei er ein Fremder in meiner Wohnung. Er sucht nichts, wandert nur so umher, um nicht ankommen zu müssen bei mir, die da sitzt und tapfer mit ihren Tränchen kämpft, obwohl noch nichts entschieden ist.

«Hey», murmelt Mattes, und es klingt nicht so kühl, wie es das vielleicht soll.

«So ein Hotel ist mal echt teuer.»

Er grinst halbherzig und schafft es dann doch, mich endlich anzuschauen.

«Du», sage ich stumpf, «ich hab nachgedacht. Darüber, was du gesagt hast. Und … wir haben übrigens keinen Wein mehr.»

Nicht der Anflug eines Lächelns.

Ich muss tief Luft holen. So ein Satz kommt mir in meinem Verstand leichter über die Lippen.

«Du hast recht. Ich *war* ein Arschloch.»

Geräuschvoll atme ich aus.

«Aber ich hoffe, dass ich keines *bin*. So ganztags. Aber wenn, dann könnte ich das auch verstehen. Also dich. Nicht das.»

Hilflosigkeit wirbelt aus meinen Armen heraus, da fehlen Worte, ganz viele Worte fehlen da, um die ich früher nie verlegen war. Dieser Mann macht mich fertig mit seinem Schweigen, auch wenn ich ihm bisher keine Chance gegeben habe, tatsächlich zu antworten. Das ist das Gegenteil von so einer Ralf-Pause, die ich da mache, immer weiterreden, nur weil ich hoffe, dass der andere etwas sagt, und je länger er nichts sagt, umso mehr muss ich reden, wasserfallartig die Worte über ihn schütten, auch wenn er dann darin ertrinkt.

«Irgendwie hat mich dieser beschissene Job so verändert. Also, mein Leben zumindest. Oder mein Leben hat mich verändert, was weiß ich. Jeden Tag rein, raus und dann diese ätzende Scheiße abreißen, mit der ich genau null emotionale Verbindung habe, und diese Leute erst ... Siehste, ich fange schon wieder an zu urteilen, ohne dass die was gemacht hätten. DAS meine ich. Ich bin so bitter geworden, und ich weiß nicht einmal, wie oder wann das passiert ist. Und das ist das Unheimlichste daran. Dass diese ganze Routine mich so lauwarm erwischt hat. Wenn's wenigstens kalt gewesen wäre, das merkst du zumindest, wenn dich was *kalt* erwischt. Aber das hier, das fühlt sich an, als *müsste* das so. Weißt du, was ich meine? Als wäre das ein ganz natürlicher Prozess. Was ganz Normales. Arschloch werden halt. Macht man so mit dreißig. Kinderkriegen, Baum pflanzen, Arschloch werden.»

«Hey, Henni, nicht vergessen, Luft zu holen.»

«Danke», sage ich, atme ein und weiter. «Jedenfalls ist das alles irgendwie total scheiße gelaufen, und ich hoffe, dass ich das wieder hinbiegen kann. Nicht mit uns jetzt, aber auch, ich meine, so generell. Gott, ich bin so schlecht darin, mich zu entschuldigen. Es tut mir leid, okay? Ich will nicht so sein, wie ich gerade wirken muss. Wirklich nicht. Ich will – ach, Mist. Es tut mir wirklich leid. Auch dass jetzt kein Wein mehr da ist.»

«Ist angekommen», sagt Mattes, und es klingt fast warm. Seine Fingerspitzen sind über den Tisch gewandert, nur damit meine Hand verzweifelt neben sie plumpsen kann, während ich mit der anderen meine Stirn stütze und vergeblich versuche, meine tränenden Augen zu verstecken. Hoffnungsloses Unterfangen. Also klappe ich die flache Hand nach oben, um darunter hervorzulinsen.

«Ich hab mich echt doof entschuldigt, oder?»

«Das Ding ist», murmelt Mattes abwesend, während sein Blick wieder auf Wanderschaft geht, «dass es nichts gibt, für das du dich entschuldigen könntest. Manche Sachen sind halt einfach so, und da macht es eine Entschuldigung nicht besser. Die bringt keinem was. Du hast dich wie ein Arschloch *verhalten*, und das wird immer so bleiben. Nichts in der Welt kann das ändern. Nicht du, nicht ich. Aber das heißt eben noch lange nicht, dass du auch eins *bist*. Weißt du, was ich meine?»

«Ja», antworte ich kleinlaut. «Ja, ich weiß.»

«Ist jetzt kein Weltuntergang», sagt Mattes, bevor ich noch einen Wortwasserfall loswerden kann. Er wirkt ruhig dabei, nicht kühl. Meine Fingerspitzen treffen seine auf der Tischplatte. Warm schubsen sie aneinander, und niemand von uns zuckt zurück. Wir sitzen da schweigend, die Fingerspitzen einander zugewandt, wie zwei Hunde, die sich gegenseitig mit der Schnauze stupsen.

«Ich war blöd.»

«Stimmt.»

«Sehr blöd.»

«Ja, richtig.»

Wir grinsen. Kurz.

«Aber mal ernsthaft», meint Mattes, während das Grinsen wieder aus seinem Gesicht unter den Tisch fällt, «das ändert alles nichts daran, dass du dich verändert hast, und echt nicht zum Guten.»

Er stockt.

«Ich war so geschockt, das war nicht mehr anders auszuhalten. Bin ich irgendwie immer noch. Ich meine, ich hab mich in dem Moment wirklich gefragt, wo die Frau hin ist, in die ich mich mal verliebt habe. Ohne dich verletzen zu wollen, aber das war mir einfach zu krass in der Situation.»

«Jetzt mal kurz Pause», hake ich ein. «Das klingt ein bisschen unfair.»

«Weiß ich», strauchelt Mattes. «Ich wollte damit eigentlich auch nur sagen: Die andere Henni ist noch nicht weg. Die, in die ich mich verliebt habe.»

«Na, immerhin», raune ich bitter.

«Gut, die ist vielleicht irgendwo verschüttet. Aber da ist die bestimmt noch. Man muss die aber ausbuddeln. Eigentlich wollte ich nur sagen: Ich weiß, dass das gerade eine harte Zeit ist für dich. Und dass dieser scheiß Job schon seit einer ganzen Weile an dir frisst.»

«Ja», murmle ich resigniert. Und ich würde so gerne eine Erkenntnis daraus gewinnen. Aber nichts.

Tüte trottet gemächlich aus dem Wohnzimmer herüber. Schnuppert kurz an Mattes, und es scheint fast, als würde er ihm ein kurzes Nicken zuwerfen. Dann trottet er weiter Richtung Schlafzimmer. Mattes streckt seine Hand zu spät aus, als er ihm die Ohren kraulen will, und so erwischt er nur noch seinen Rücken. Tüte nimmt keinerlei Notiz davon.

Unsere Gespräche sind schon immer in Schüben gelaufen. Wir beide verschießen unser Pulver gerne schnell, und dann brauchen wir eine Pause, um Gedanken nachladen zu können. Wenn wir Worte zu Waffen machen, sind es allerhöchstens Musketen. Vielleicht leben wir deshalb noch zusammen. Oder überhaupt noch.

Vielleicht ist das gerade auch ein Waffenstillstand. Mattes' Blick haftet an irgendetwas hinter mir.

«Ich sehe, du hast die Kaffeemaschine gefunden. Und du sagst, du hättest keine Ahnung, wie man buddelt.»

Er lacht. Herzlich.

Ich werde rot. Meine Ohren warm. Und die Hände.

«Du bist der Beste, weißt du das eigentlich?»

Wortlos steht er auf, sein schmaler Körper stakst zu mir herüber, während er mir einen Kuss auf meine Haare drückt.

«Ich muss mich mal hinlegen. Wusstest du, dass die in diesen Hotels Matratzen aus Granit haben? Es ist irre.»

«Ich setze jetzt einen Kaffee auf», sage ich und deute zu meinem kleinen roten Maschinchen.

«Schön, dich zu sehen. Ist lange her», antwortet Mattes.

«Das ist mein Text», sage ich.

«Nein», meint Mattes kopfschüttelnd. «Nicht wirklich.»

Erst nach zwei Stunden streckt er wieder seinen verschlafenen Kopf in die Küche. Ich setze gerade die zweite Kanne auf.

«Nächste Runde?», fragt er verknittert.

Ich nicke. Wir bewältigen Konflikte phasenweise.

Bloß nicht alles auf einmal lösen, sondern Schritt für Schritt. Man kann ja streiten, ohne sauer aufeinander zu sein. Ohne emotional zu sein. Auch wenn ich das nur mit Mattes kann, und ich wünschte, dieser Trick gelänge mir auch anderswo. Diese ganze Emotion einfach abzuleiten, einfach als Nebenprodukt eines Konflikts wahrzunehmen ist ein wunderschöner Trick, der mir leider nie gelingt. Fehler sind kein Scheitern. Und ein Streit kein Hass. Und mit Kaffee geht sowieso alles leichter, glaube ich. Mit Kaffee, der mich an früher erinnert. An Nächte an Holztischen, an Bangen und Hoffen, an Zurückgeworfensein auf mich und die Gedanken in meinem viel zu wilden Kopf.

«Danke für die Kaffeemaschine», sage ich. «Ich glaube, das war das Romantischste, was je ein Mensch für mich getan hat. Auch wenn es ausgesprochen nicht mehr so klingt. Eine Kaffeemaschine aus dem Müll zu ziehen.»

«Du bist halt ein Kind mit anfälligen Sicherungen. Schon immer. Da knallt schnell mal was durch bei dir. Und das meine ich ganz liebevoll.»

«Klingt trotzdem doof, wenn du das so sagst. Dass ich ein Kind sei.»

«Und wer von uns sitzt jetzt mit seiner Kaffeemaschine von früher in der Küche und will sie am liebsten in den Arm nehmen?»

«Punkt für dich.»

Mattes' schlanke Finger spinnen sich um eine Tasse im Schrank. Gelassen fällt er wieder an den Tisch und schenkt sich ein. Der Kaffee dampft und schwelt in seiner Tasse, warm und zu Hause wie ein Lagerfeuer.

«Brauchen wir eigentlich eine zweite Runde?», frage ich. «Du hast mit der Kaffeemaschine einen ziemlich exzellenten Punkt gemacht.»

«Indem ich die heimlich aus dem Müll gezogen habe?»

«Indem du die sieben Jahre heimlich im Keller stehen hattest. Für den Fall der Fälle. Der ja eingetreten ist.»

«Werkzeug hat man halt im Keller stehen.»

«Werkzeug?»

«Wenn man mal verschüttgeht. Werkzeug zum Ausbuddeln. Ist ja kein Geheimnis, dass du dran gehangen hast. An früher. Finde ich völlig nachvollziehbar. Einfach um sich zu erinnern, wer man ist.»

«Findest du?»

Ich stutze. Ich und an früher hängen. Ein kleines bisschen vielleicht. Ein kleines bisschen hänge ich vielleicht an dieser Henni von früher, die so gar keine Sorgen hatte, keine Verantwortung und erwachsen spielen durfte.

Vielleicht, nur vielleicht fühlt sich das jetzt alles so eng an, weil aus dem Spiel Zwang geworden ist. Wo ich plötzlich *immer* funktionieren muss, wo ich mir keine Fehler mehr erlauben darf. Denn Fehler passieren ja eigentlich nur, wenn man etwas tut, das man nicht kann. Und mit Mitte 30 sollte man doch bitte wirklich so weit sein, genügend Disziplin an den Tag zu legen, um Fehler zu vermeiden. Das heißt, die Möglichkeit zu meiden, Fehler überhaupt begehen zu können. Testphase vorbei, das System *Henriette* hat jetzt bitte schön rundzulaufen, und eventuelle Unsicherheiten sind zu vermeiden, wenn's denn geht.

«Findest du das wirklich nachvollziehbar? Ich finde das irgendwie ganz furchtbar. Ich meine, was habe ich mir gedacht? Dass ich ein Buch schreibe und dann den Rest meines Lebens davon lebe? Dass ich auf die Straße gehe und ein Transparent hochhalte, damit in Hoyerswerda nicht wieder die Häuser brennen? Was gibt es daran zu hängen, das ist doch so was von naiv, ich würde mich auslachen dafür heute.»

«Eigentlich finde ich das sogar ziemlich cool», sagt Mattes und stemmt mit Nachdruck und gespitzten Fingern die Kaffeetasse auf den Tisch. «Einfach mal machen. Nicht gleich einordnen in ‹geht› und ‹geht nicht›, in ‹macht man› und ‹macht man nicht›, ‹bringt was›, ‹bringt nix›. Weißte? Darauf geschissen, was andere in der Situation gemacht hätten. Das war Henni Liebling. Die hat eben über ihre Jugend ein Buch geschrieben, über Verluste und so ein blödes Dorf in Niedersachsen. Die ist eben auf die Straße gegangen, für das, was ihr wichtig war. Nicht weil *man* das machte. Sondern weil *sie* das machen wollte. Und die, *die* Henriette, die finde ich nach wie vor ziemlich cool. Auch wenn ich die vielleicht zum größten Teil aus Erzählungen von Alex kenne.»

Er hat sich in Rage geredet, mein Freund, und jetzt steht er da, die arme Kaffeetasse wie einen Richterhammer von oben in den angespannten Fingern festgeklemmt. Amüsiert kann ich ihm von hier unten zusehen, wie er meinen Lebensweg verteidigt. Wenn ich das selbst schon nicht tue. Ich habe das aber tatsächlich noch nie so gesehen. Für mich war das immer normal, bis ich älter wurde. Bis ich auf einmal einen Chef hatte und Kollegen. Aber sind die damit auch schuld? Ist da überhaupt jemand schuld?

Ich bin *alt* geworden, glaube ich. *Einfach* geworden. Und *bequem. Nur ein toter Fisch, der den Tag nicht nutzt,* wenn man unbedingt zwei abgedroschene Kalendersprüche auf einmal für sein Leben bemühen möchte. Vielleicht bleibt einem sonst ja nichts.

«Träumste wieder?»

«Ertappt», raune ich knarzend, während ich mir ein schüchternes Lächeln gönne.

«Definitiv, willkommen zurück», kichert Mattes. «Hab dich

lange nicht mehr so erlebt, dass du einfach mal mitten in einer Unterhaltung wegträumst. Obwohl ich sagen muss», setzt er etwas zurückgenommen nach, «dass der Zeitpunkt *jetzt* vielleicht nicht ideal war. Aber ich finde, generell kann man sich so was doch bewahren. Muss man vielleicht sogar. Nicht *immer* so sein. Aber vielleicht auch nicht *nicht* so sein. Weißte?»

Ich stocke irritiert. «Nicht mehr Kind sein – aber dann doch irgendwie? Sorry, aber das ist auf der nach unten offenen Kalenderspruch-Skala sogar noch schlimmer als ‹Lebe deinen Traum – solange er realistisch ist›.»

«Meine Fresse, du bist so eine Dumpfnuss manchmal, echt.»

«Und *stolz* darauf», trompete ich zügellos.

«Fischstäbchen», wirft mein Freund verzweifelt ein, während er um Worte bemüht mit den Armen fuchtelt.

«Fischstäbchen», wiederhole ich stumpf verwirrt.

«Ja», murmelt Mattes. «Die hab ich früher immer gerne gegessen. Ist so ein Kindheits-Wohlfühl-zu-Hause-Moment. Kennste?»

«Fischstäbchengefühle sind mir vertraut, ja», sage ich zögernd. «Und?»

«Die kann man auch als Erwachsener noch im Kühlschrank haben. Für den Fall, dass man sie braucht. Aber man muss sie deshalb nicht jeden Tag essen. Nur weil man sie hat.»

«Da würde ich jetzt widersprechen», antworte ich gierig. «Haben wir etwa Fischstäbchen im Haus, und ich weiß davon nichts?»

«Wir haben *immer* Fischstäbchen im Haus. Kennen wir uns eigentlich?», fragt Mattes.

«Streiten wir eigentlich noch?», frage ich zurück.

«Glaube nicht», meint Mattes.

DER PROCESS

Ich habe einen Plan», plappere ich meiner Nichte Marie in die leuchtenden Augen. «Wir schleichen uns hintenrum, da zwischen den Bäumen. Dann sind wir voll ninjamäßig die ersten beim Kuchen. Okay?»

«Ninjas essen aber keinen Kuchen», nuschelt Marie. Etwas traurig-trotzig schiebt sie die Unterlippe vor und verschränkt die Arme.

«Wohl», klugscheiße ich in meiner besten Grummelstimme zurück. «Aber sie haben sich halt noch nie dabei erwischen lassen.»

Marie lächelt.

Salz und Sonne flimmern über Reetdächer auf den kleinen Kirchplatz. Sanft wiegen sich die struppigen Hecken in der Brise, und ich weiß das Deichvorland ganz nah bei mir. Man könnte es laufen, zu Fuß ans Meer. Emden, Leer, die ganze Ecke ist ein zweites oder drittes Zuhause für mich, seit es meinen Bruder Flipps hierher verschlagen hat. Ein Zuhause, das ich viel zu selten besuche, eigentlich nur zu Anlässen, bei denen es ein Kleid zu tragen gilt. Jedes Mal, wenn ich hier bin, nehme ich mir vor, das zu ändern. Aber man hat ja immer so wenig Zeit. Außer man nimmt sie sich einfach. Es ist verrückt.

Das Ganze hier ist verrückt. Heiraten ist verrückt, und ich bewundere Flipps dafür, dass er das durchzieht mit seiner Janka und der kleinen Marie, die ganz schön vorlaut und ganz schön süß geworden ist.

Und das mit Mattes und mir, das ist sowieso verrückt. Zwei

Tage und eine Autofahrt mit viel zu lauter Musik, manchmal reicht das, um sich zu versichern, dass man das alles irgendwie hinkriegen wird. Wir gönnen uns gegenseitig Auslauf. Es ist nicht alles gut, aber jeder Kuss, jede gehaltene Hand, die eigentlich am Lenkrad liegen sollte, die sagen, dass es das irgendwie werden wird. Wir sind ja schon groß.

Ich kann Mattes nahe der kleinen Kapelle sehen. Ein älterer Herr hat ihn mit einem Gespräch an die Steinmauer genagelt.

«Ist schon okay», sagt sein Blick zu mir.

Der Platz füllt sich stetig mit Hochzeitsgästen in Schwarz und Weiß, ein sehr chaotisches Yin und Yang. Überall derselbe Dresscode, und ich komme mir in meiner Jeansjacke mit Kapuzenpulli ganz schön underdressed vor.

«Henriette, du siehst sehr – individuell aus.»

«Ich habe mein Kleid zu Hause *extra* in den Flur gehängt, damit ich es *auf gar keinen Fall* vergesse. Ist ein super Trick. Funktioniert nur leider nicht.»

Da ich dieses Gespräch heute wohl noch gute vierzigmal führen werde, spiele ich mit dem Gedanken, den Vorgang ein bisschen zu streamlinen.

Die wichtigsten Fragen mein Outfit betreffend wird dieses praktische Handout in großen Teilen beantworten, Tante Magda. Die etwas ausführlichere Power-Point-Präsentation zu meinem sicher zu Hause verstauten Hochzeitsoutfit findet um 15:30 in Tagungsraum 2 statt. Ich würde mich freuen, wenn Sie kommen.

«Henriette! Kapuzenpulli? ‹Schick.›»

«Hallo, Melanie.»

Meine Cousine schiebt ihr blendend weißes Gebiss durch die Verwandtschaft und sieht dabei aus, als hätte sie es zwischen Frühstück und Pilates noch geschafft, ein, zwei Unternehmen zu gründen und an die Börse zu bringen. Und als ob ich mich geehrt fühlen müsste, dass sie sich zwischen all dem Erfolg und Management-Selbstfindungsseminaren auf schneebedeckten Hügeln von Nepal noch extra die Zeit nimmt, hier aufzukreuzen, um mein Outfit scheiße zu finden. Ich spüre, wie mir das Rot aus den Haaren in den Kopf schießt. Und meine noch sehr kleine große Klappe, die ich ja gerade erst wiederfinde, die scharrt in diesem Moment selbst in meinem Kopf noch verlegen mit den Füßen und weiß nicht, ob sie sich trauen soll, etwas halbwegs Schlagfertiges wenigstens zu *denken*.

Aber keine innere Stimme, keine Liebling, die mir rebellisch in meinen Kopf dazwischenreden könnte.

Ich will unbedingt frei sein von diesem Zwang, dieser Paradoxie, allem zu entsprechen, außer mir selbst. Als wäre ich, als wären wir alle der ganzen Welt irgendetwas schuldig. Ständig müssen wir uns rechtfertigen vor den ganzen Melanies, ständig schüchtern wir uns selbst ein, weil wir nicht sind, wie wir gelernt haben, angeblich sein zu müssen.

Und wir wollen das. Wir alle wollen so dringend akzeptiert werden als wir selbst, dass wir uns verbiegen und zerbrechen bei dem Versuch, jemand zu sein, dem das gelingt. Versteh einer die Logik dahinter. Vielleicht wären wir alle viel glücklicher, wenn wir endlich aufhören könnten, uns durch fremde Augen sehen zu wollen. Aber ich kann das nicht. Noch nicht, vielleicht, keine Ahnung. Eventuell ist das auch eine ganz furchtbar dumme Hoffnung, ein ganz einfältiges Ziel, ich weiß es doch auch nicht. Krampfhaft man selbst sein zu wollen – ist das Gegenteil von Individualität.

Ich will denken können, dass es meine Cousine und die ganze Welt einen Scheiß angeht, wie ich auf einer Hochzeit rumlaufe, ich will denken können, dass man doch mich hierher eingeladen hat, Henriette, die natürlich ihr Kleid vergisst, und nicht irgendeine verbesserte Henriette, so eine best version of myself, der so etwas Dusseliges nie passiert. Aber mir passiert so etwas eben, und ich will, dass das okay ist. Ich will denken können, dass das okay ist. Dass ich das bin. Aber ich kann das nicht.

Immer sprechen die Menschen und Melanies von der besseren Henriette, die es gar nicht gibt, die es nur geben sollte, und wundern sich, dass sie nicht da ist. Da bin nur ich. Und vielleicht ist das das Problem. Dass ich immer nur ich bin, immer meine eigene Zweitbesetzung. Nie so gut, wie ich glaube, sein zu müssen.

«Glauben ist was für die Kirche», flüstert mir Liebling dann doch noch in die wolkigen Gedanken. «Ich meine, wir könnten auch an das Gute in unserer Cousine *glauben*, aber wenn wir ehrlich sind, dann *wissen* wir beide, dass wir da falschliegen. Wenn die Melanie, die wir kennen, die *best version of herself* ist – dann will ich die schlechte Version gar nicht kennenlernen.»

«Das klang jetzt ganz schön gemein», antworte ich.

«Haste mal überlegt, dass das vielleicht nicht gemein, sondern nur eine sehr aufmerksame Beobachtung sein könnte? Meine Fresse, hör doch mal auf, dich ständig so runterzumachen wegen irgendetwas, von dem du glaubst, das andere von dir denken. Ich garantiere dir, eine Sache, für die *du* dich nicht rechtfertigen musst, ist, was unser Cousinchen von uns hält. Das hätte allerhöchstens Melanie selbst mit ihrem Schöpfer auszumachen, wenn sie gleich, Gott bewahre, hoffentlich von einem Laster überrollt wird. Aber zum Glück hat sie ja ihr Fernlicht angeworfen.»

«Das sind ihre Zähne», sage ich, «was da so leuchtet. Frage mich, wo da die Batterien reinkommen.»

«Geht doch mit dem losen Mundwerk», flüstert Liebling noch. «Bist die beste Henriette, die ich kenne.»

Meine Cousine hat sich inzwischen mit ihren Fernlichtzähnen durch die Verwandtschaft gebrannt und hält mir breit grinsend ein Glas Sekt hin.

«Wie geht's dir, Cousinchen? Jetzt mal abgesehen von dem hier», fragt sie und deutet mit dem Sektglas in spitzen Fingern an mir herab, als hätte ich mir aus finanziellen Gründen meine Kleidung aus getrocknetem Hundekot genäht. Subtile Akzeptanz von Andersartigkeit ist ihre Stärke nicht. Und nirgendwo ein LKW.

«Gut», sage ich, ohne groß zu überlegen, ob das eigentlich stimmt. Und es ist auch egal, ob das stimmt, weil wir ja nicht wirklich fragen, wie es geht. Wir wollen doch nur, dass wir zurückgefragt werden, damit wir endlich anfangen können, von uns selbst zu sprechen. Alles andere wäre unhöflich, und wir wollen nicht unhöflich sein in unserem Egoismus. Und was es da eben braucht, sind Anlässe. Wir schaffen Anlässe, die eigentlich Wettbewerbe sind, in denen wir kämpfen und gewinnen können, damit wir uns ohne Scham überlegen fühlen dürfen. Wir bringen unser Gegenüber dazu, die richtigen Fragen zu stellen, um ohne Scham von uns selbst erzählen zu dürfen. Gehen auf Hochzeiten, um ohne Scham besser auszusehen als der Rest. Ich weiß das alles, aber etwas zu wissen verändert nichts, wenn man drinsteckt. Und genauso gilt es auch andersherum. Etwas zu wissen bedeutet nicht, dass man es mit Absicht tut.

Wir sind keine schlechten Menschen, wir sind einfach nur Menschen.

«Gut. Gut geht es mir. Ich meine, doch, irgendwie geht es ganz gut. Arbeit und so. Das ist gut. Manchmal essen wir Pasta und trinken Rotwein. Aber nicht so viel.»

«Spannend», sagt Melanie. Keine Ahnung, ob das Ironie sein soll oder ob sie nur enttäuscht ist, weil ich nicht *direkt* gefragt habe, wie erfolgreich *sie* nun genau durchs Leben geht.

«Ja, und wir haben ja noch Tüte. Tüte ist unser Hund. Ich mag Hunde. Und Mattes auch. Da passte das. So ein Hund.»

Melanie mustert enorm interessiert ihr Sektglas.

«Aber heute ist Tüte bei Alex. Das wäre zu stressig für so einen Hund. So eine Hochzeit. Er ist da ein bisschen eigen.»

«Ganz schön wildes Leben, das du da führst, meine Liebe. Ich zum Beispiel –»

«Letztens hatten wir Spieleabend. Aber nicht nur Monopoly», hetze ich dazwischen.

«Monopoly kenne ich», springt Marie mir bei. Sie steht immer noch neben mir und wartet darauf, dass wir den Kuchen kapern. «Da muss man ganz teure Häuser kaufen und bekommt Geld.»

«Mit beidem kennt sich deine Tante nicht so aus, Spatz», murmelt Melanie süffisant in ihr Sektglas.

Vielleicht werden manche Menschen doch als Arschlöcher geboren und sind schlecht, weil sie einfach sind, wer sie sind, denke ich. Kann mir aber nur ein steifes Lächeln abringen und an den imaginären Rüschen meiner Jeansjacke zupfen. Dafür sind die also bei richtigen Kleidern da. Hab mich das immer schon gefragt.

«Na, so kann man das jetzt nicht ausdrücken», sage ich. «Ich bin seit mehr als sechs Jahren bei der Strateria.»

«Henni», flüstert Melanie, «mit Ende dreißig schon sechs Jahre zu arbeiten, mal unter uns, das ist jetzt nichts, was ich an die große Glocke hängen würde. Willst du nicht mal erwachsen werden? Ich meine, du hast noch nicht einmal Kinder.»

«Was haben denn jetzt Kinder damit zu tun?», frage ich und versuche, dabei so ratlos zu klingen, wie man es bei so einer Frage eigentlich sein müsste. Aber leider eben nicht ist. Denn entweder hast du Kinder in meinem Alter – oder du hast dich *anderweitig verwirklicht*, was ja per se schon nach *Teilnahmeurkunde* klingt, nach *Henriette war im Leben stets bemüht*, nach *sehr schöner Aufsatz, leider ist das eine Matheprüfung. Danke fürs Mitspielen.*

Wenn du keine Kinder hast, dann doch wenigstens Erfolg. Und wenn du keinen Erfolg hast, dann sieh wenigstens danach aus und kreuz nicht in Jeansjacke und Kapuzenpulli auf der Hochzeit deines Bruders auf. Es sei denn, du hast keine Muschi und Titten, denn dann bist du Lebenskünstler und dabei, dich *selbst zu verwirklichen* und furchtbar individuell. Dann wartest du auf den *richtigen Moment für Kinder*, und jeder bewundert dich, wie locker du dich gegen das System und Karrieredruck entschieden hast, wie selbstverständlich du dein eigener *Herr* bist.

Aber versuche mal, deine eigene *Frau* zu sein.

Melanie windet mühselig ihren Blick aus dem Sektglas und versucht sich an einem Gesichtsausdruck, den sie wahrscheinlich in einem Handbuch «Emotionen simulieren für ambitionierte Einsteiger» unter «Mitgefühl, Stufe 1» gefunden, aber noch nicht gemeistert hat.

«Oh, entschuldige», säuselt sie.

Ich möchte auch so ein Sektglas, einfach nur um mich darin vor dieser täuschend unechten Robotermimik zu verstecken. Genauso gut könnte meine Cousine auch ein Schild mit der Aufschrift «Besorgt / Bestürzt» hochhalten, wäre ähnlich überzeugend. «Das ist bestimmt ein wunder Punkt mit den Kindern, hm? Aber wenn's damit nicht klappt – kannst du ja immer noch ein Buch drüber schreiben.»

Beinahe übermannt mich der Kotzreiz.

Meine Hand ballt sich zur Faust. Noch mehr Blut schießt in meinen Kopf. Es ist einer dieser Kino-Momente: Der ganze Saal in mir sitzt gebannt auf der Stuhlkante, drückt die Daumen, ist bereit, in Jubel auszubrechen, wenn ich dann endlich meine Würde wiederfinde, mir einen lässigen One-Liner gönne, um meiner Cousine meine geballte Unabhängigkeit mit einer Faust ins Gesicht zu zimmern. Gott, ich liebe diese Kino-Momente so sehr; diese Momente, in denen jeder Ellenbogen im Saal zurückschnellt und alle leise «Yeah» schreien.

Es allen mal zeigen.

Ich hätte so gern diesen Kino-Moment gehabt.

Aber es ist nicht Wut, die meine Sicht trübt, nur wieder Tränen. Es sind immer nur Tränen bei mir, weil mich das so hilflos macht, dieser stete Glauben an die Menschen, nicht wütend.

Ich spüre so viel. So viel kratzige Jeansjacke, so viel Kleidung an mir, die nicht passt, so viele Sommersprossen, jedes Gramm an mir, jedes zu wenig, jedes zu viel. Die zu ausgelatschten Turnschuhe, die zu blassen roten Haare, die albernen Klimperketten an meinem Hals, die farblosen Nägel und die zu rauen Hände. Schlecht verkleidet als ich selbst, alles falsch. Um mich herum scheint das so mühelos, so selbstverständlich, wie sie ihre Kleider tragen und ihre Haare, die Schuhe und Gesichter, so natürlich und leicht. Alle so zwanglos schön und zufrieden.

Mein Mund zittert, das Einzige, was echt und richtig ist an mir: mein zitternder Mund und die verkrampfte Faust, während Melanie mir mitleidig zuprostet und sich umdreht, bevor meine Tränen wie ein Vorhang vor die Welt fallen.

Eine kleine Mädchenhand zieht mich zurück ins Rampen-
licht, und als ich den Tränenvorhang ängstlich mit dem Hand-
rücken beiseiteziehe, kann ich sehen, dass da niemand steht
und buht. Dass niemand meinen kurzen Abgang auch nur
bemerkt zu haben scheint. Bis auf Marie, die dasteht, meine
Hand in ihre gelegt.

«Geht's dir nicht gut, Tante Henni?»

«Doch, doch», schluchze ich und muss dabei tatsächlich
ein wenig lachen.

«Die Melanie, weißt du, die Melanie und ich, wir sind, na
ja. Keine Ahnung.»

Trotzig schließt Marie die Arme vor der Brust. Eine Weile
schweigen wir, ich wippe unsicher hin und her, weiß nicht,
wohin mit meinen Händen und Füßen, bis ich sie irgendwann
ebenfalls verschränke. Sanft und leise schiebt sich die Sonne
hinter die Reetdächer. Wir stehen da und schauen uns die Welt
an, als gehörten wir nicht dazu. Zwei Freundinnen, mit dreißig
Jahren und einer Pubertät zwischen sich.

Irgendwann beginnt auch Marie wieder zu lächeln. Die
Arme immer noch verschränkt, schüttelt sie belustigt den Kopf.

«Fotze.»

«Na, so was sagt man aber nicht», raune ich halbherzig.
«Also, nicht in deinem Alter zumindest. Normalerweise.»

«Mama sagt das auch immer über Melanie.»

«Ach so. Schätze, dann ist das okay.»

«Du, Tante Henni?»

«Ja?»

«Was ist eine Fotze?»

«Jemand wie Melanie. Eine bessere Erklärung wirst du die
nächsten Jahre wahrscheinlich nicht bekommen.»

«Okay», flötet meine Nichte. «Holen wir uns jetzt Kuchen?»

«Wir holen den nicht. Wir *klauen* den, schon vergessen?»

Marie grinst.

Es wäre schon geil, ein Kind zu sein, denke ich. Du kannst Leute unfassbar hassen – und gleichzeitig bist du in der Lage, absolut unbeschwert Kuchen zu essen.

Ich denke immer, dass *ich* das nicht kann.

Die Wut dalassen.

Wie herrlich unbeschwert. Vielleicht liegt das daran, dass Kinder meist sein dürfen, wer sie sind. Und selbst wenn sie es nicht dürfen – machen sie es trotzdem. Bewundernswerter Eigensinn, den sie da beweisen. Wenn sie im Prinzessinnenkleid zum Kindergarten wollen, ist es ihnen nicht nur *egal*, was andere davon halten – sie wissen nicht einmal, dass es ihnen *egal* ist. Dieses ganze Konzept von Fremdwahrnehmung geht Kindern bis zu einem gewissen Alter derartig am Arsch vorbei, das ist großartig. Ich frage meinen Kopf viel zu oft um Erlaubnis.

Statt mich zu fragen, ob irgendetwas denn tatsächlich verboten ist.

Ich frage: *Kann ich das wirklich anziehen?*, statt: *Warum sollte ich das verdammt noch mal nicht anziehen?*

Marie fasst mich bei der Hand, und gemeinsam huschen wir unsichtbar durch die viel besser angezogene Hochzeitsgesellschaft. Mein Bruder und seine Frau, von Gratulanten belagert, markieren den Kuchenstandort.

«Zielobjekt lokalisiert. Over», raune ich in mein imaginäres Mikrophon am Handgelenk.

«Ninjas haben keine Funkgeräte.»

«Wohl. Over.»

«Du bist blöd, Tante Henni.»

«Ich weiß», flöte ich. «Over.»

Und ich meine das ernst. Ich weiß, dass ich blöd bin. Wundervoll blöd sogar. Ich bin blöd angezogen und hab einen blöden Job, da kann ich doch auch blöd *sein*. Ist eh alles verloren, aber manchmal ist es gut, alles zu verlieren, was man nicht ohnehin nicht haben will.

«Spielen wir jetzt richtig? Sonst will ich nicht mehr.»

Meine Nichte ist stehen geblieben, die Hände so fest in die Hüften gestemmt, als wolle sie sich selbst anheben, um noch ein paar Zentimeter größer zu wirken.

«Wie *spielt* man denn *richtig*?»

«Ohne Funkgeräte.»

«Ich darf mir also nicht vorstellen, dass ich ein Ninja mit Funkgerät bin?»

«Nee, nur ein normaler unsichtbarer Ninja.»

«Ganz schön strenge Regeln sind das. Dafür, dass es ausgedacht ist.»

«Ohne Regeln macht das doch keinen Spaß.»

«Sich was auszudenken?»

«Nee. Spielen. Ausdenken geht ohne.»

«Da bin ich ja beruhigt.»

«Außerdem kann man ja gar nicht schummeln, wenn es keine Regeln gibt.»

Das ist auf eine fast schon verblüffende Art und Weise nachvollziehbar. So wie es gleichzeitig auch verblüffend bescheuert ist. Kinder. Man muss sie einfach lieben in dieser viel zu steif gedachten Welt. Wird ja immer so gesagt. Dass man die lieben muss. Sie haben ein paar recht innovative Ansichten, was die Essbarkeit von Rosenkohl und generell Lebensführung angeht, zugegeben. Muss man sie deshalb aber direkt *lieben*? Vielleicht sollte man sie *mögen*, in einer Welt, in der so viel *gemusst* wird. Oder selbst eines werden. Ansonsten wird man ja wahnsinnig. Oder, noch schlimmer, alt.

Aber ich will beides nicht. Ich will das dazwischen. Die Neugierde ohne den Zwang, alles verstehen zu müssen. Die Leichtigkeit, ohne den Boden zu verlieren. Ich will Regeln, die meine sind und sich trotzdem anfühlen, als seien sie verbindlich, als seien sie *richtige* Regeln, die sich auch irgendwer anders hätte ausdenken können. Ich will, dass sich mein Weg nicht verzweifelt individuell anfühlt, sondern nach *einem* Weg von vielen. Die eigenen Pfade, ohne Außenseiterin zu sein.

Aber die Richter darüber sind unter uns. Und aus der Mitte urteilt es sich bequem.

Ich fahre meiner Nichte wohl schon eine ganze Weile durchs Haar, klassisch abwesend, gedankenverlaufen. Denn mein Kopf ist ein Bahnhof aus Kafkas Feder. Ich kann keine Anschlüsse erreichen, weiß nie, wohin ich denken sollte, weil mir alles falsch beschildert scheint.

Finde heraus, was dich glücklich macht. Solange es Kinder sind oder Karriere. Probiere herum, aber sei stets erfolgreich dabei. Strebe nach Wissen, aber bitte nur sieben Semester. Das funktioniert doch nicht.

Ständig entgleisen mir die Charakterzüge, weil sie nicht auf die Schienen passen. Weil sie wohl in den falschen Spuren fahren oder nicht abbiegen wollen, wo jemand eine fremde Weiche für mich gestellt hat, Neugierde und Spieltriebwagen ziehen in verschiedene Richtungen, nichts geht vorwärts, denn überall nur Baustellen, wo *meine* Weichen sein sollten.

Ich schrecke hoch. Noch immer kraule ich Maries Kopf.

Schon wieder verlaufen, denke ich. Aber: auch zurückgefunden. Schon irre, diese Gedanken in ihren eigenen Gängen. *Wie ein Hund.*

Verschämt ziehe ich meine Hand zurück.

«Ich hab keine Lust mehr auf Kuchenklauen», seufze ich resigniert. «Da hängen mir zu viele Regeln dran.»

Marie schiebt sich wortlos ein Kaugummi in den Mund. Ich zögere. Knie mich dann etwas betreten neben sie. Ihre Augen, so groß und ratlos. Ich kann das nicht.

«Aber versprochen ist versprochen», setze ich nach, um dem schlechten Gewissen von der Schippe zu springen. «Over.»

Marie lacht. Das wutzerbissene Kaugummi blitzt feuerrot auf den Schneidezähnen herum. Dann schnellen ihre Finger zum Mund, sie fischt sich eine Kinderfaustvoll Hubba-Bubba-Erdbeere aus dem Rachen, und bevor sie das Wort «Funkstörkaugummi» fertig ausgesprochen hat, spüre ich eine klebrige Masse auf meinen Hinterkopf klatschen.

«Jetzt kannst du nicht mehr funken», jubelt Marie. «Ich hab deine Antenne verklebt.»

Dann drückt sie mir stürmisch einen Kuss auf die Wange.

«Wer zuerst beim Kuchen ist ...», ruft sie noch, während die Menge sie verschluckt. Immer noch knie ich. Irgendwie passend. Wieder quälen sich Tränen aus meinen Augen, als ich das verschmierte Kaugummi in meinem Haar vorsichtig betaste.

«Oh Gott, Henni», ruft irgendeine besorgte Tante noch, als ich kurz entschlossen eine Schere vom Geschenketisch greife. Ich will nicht mehr alles überdenken, ob man irgendetwas nicht tut. Ob es bessere Wege gibt. Haare wachsen nach.

Keine Störsender mehr.

NEEMASCHINE

I ch habe beschlossen», verkünde ich in einer festlich dekorierten Turnhalle, ungelenk auf einem weißen Allzwecktisch hin und her balancierend, «dass ich etwas beschlossen habe!»

«Hört, hört!», rufen mein Bruder, seine Frau und Mattes sichtlich alkoholisiert in die letzten Reste der Hochzeitsfeierlichkeiten. Das Schöne am Leben ist ja, dass es vorbeigeht. Irgendwann ist jeder schockierte Blick auf meine kaugummiverklebten Haare überstanden, jede Cousine ist irgendwann müde. Ich habe es mir nicht nehmen lassen, meine Nichte ins Bett zu bringen und ihr mit einem Edding ein kleines Geschenk ins Gesicht zu malen. Als Ausgleich für die Haare. Vielleicht bin ich betrunken. Aber stolz auf mich. Und ich genieße diese Feier, die außer uns eigentlich nur noch aus vier Luftballons und einem DJ besteht.

Super Bandname, denke ich. *Vier Luftballons und ein DJ. Auf meine Midlife-Crisis bin ich aber mal so was von vorbereitet.*

«Und ich habe beschlossen, beschlossen zu haben», lalle ich, während ich einem gefährlich stillstehenden Weinglas ausweiche, «dass ich von heute an drauf scheiße!»

Dann verneige ich mich würdevoll und breite majestätisch die Arme aus, während ich versuche, nicht umzufallen. Was nicht gelingt.

Vielleicht doch lieber: Ein DJ und vier Luftballons? Das klingt doch auch nicht schlecht.

«Und jetzt: bin ich hingefallen», resümiere ich dann mit

lässigem Kopfnicken das Offensichtliche, als sei umfallen wesentlich komplizierter, als es aussieht.

Applaus. Der DJ bekundet seine Bewunderung durch eine
neue Runde *17 Jahr', blondes Haar.*

Dann rapple ich mich auf. Meine Augen suchen Mattes. Wir
stecken mir immer noch in den Knochen, und in diesem aus-
gelassenen Moment im Alkohol schleicht unser letzter Streit
wieder in mir hoch. *War das zu blöd jetzt?*, frage ich mich. *Findet
der mich blöd jetzt?* Ich bekomme keine Antwort.

Stattdessen fange ich Mattes' Blick auf meine Haare auf.
Sie sind definitiv kürzer als vor ein paar Stunden noch. Zum
hunderttausendsten Male fahre ich mir mit der Hand ungläubig den Hinterkopf entlang. Ich wollte das unbedingt selber
tun. Dieses verschissene Hubba Bubba da rausschneiden, und
es ist ein bisschen mehr geworden als geplant – wenn man
von einem Plan sprechen kann. Mein Kopf nennt das *Rebellen-
haar*, ein verzweifelt zusammengeschnittener Haufen gesell-
schaftlich verstoßener Strähnchen unterschiedlichster Länge
und Form, die ihren aussichtslosen Kampf gegen den Todes-
stern spektakulär verloren haben. Endlich eine Frisur, die zu
mir passt. Und um die mich jeder Punk beneiden würde.

«Schön siehst du aus», flüstert mir Mattes ins Ohr und zieht
mich zu sich. Mein Kopf kippt an seine Schulter. Mein roter
Pony schmiegt sich in seinen Stoppelbart.

«Du Lügner!»

«Aber *dein* Lügner. In guten wie in schlechten Haaren. Bis
dass der Tod sie schneidet.»

Ich muss kichern. Lange habe ich Mattes nicht mehr so ausgelassen erlebt. Lange mich nicht mehr so ausgelassen erlebt.
Vielleicht kann ein Streit auch etwas Gutes sein. Wir haben
etwas gelöst.

«Auf das Draufscheißen», ruft mein Bruder Flipps unmotiviert in die Turnhalle und leert sein Bier in einem Zug. «Worauf auch immer.»

Er hat sein Jackett verloren, Jankas Hochzeitskleid hat ein Brandloch abbekommen, aber all das macht jetzt nichts mehr. Wir vier Verlorenen halten standhaft den DJ vom Feierabend ab.

Apropos DJ: *Er gehört zu mir.* Der Mann kann ganz offensichtlich Gedanken lesen.

«Aber auf was denn eigentlich?», fragt Janka, und ihre glasigen Augen versuchen, meinen Blick zu treffen. «Ich meine, du kannst das doch nicht einfach so beschließen.»

«Ja, sicher.»

«Ja, aber auf was denn scheißen?»

«Das weiß ich noch nicht», sage ich, während ich auf meine Haare deute. «Vielleicht darauf.»

Schon wieder taste ich verzweifelt in meinen Haaren herum. «Ich bin so dumm», knistere ich rau. «Ich hab mir selber doofe Haare gemacht. Und jetzt fühl ich mich auch so. Doof.»

«Schatzi», säuselt Janka, «doofe Haare sind nur doofe Haare. Es geht doch um das, was drunter ist.»

«Irgendwo ist da noch Kaugummi, glaub ich.»

Traurig schiebe ich meine Unterlippe vor, um ein wenig darauf herumzukauen.

«Philipp, jetzt sag deiner Schwester, dass sie schön ist.»

«Ich glaube», stottert Flipps, bevor er unkoordiniert ein Bier greift, «dass du in genau diesem Moment mehr meine wundervolle Schwester bist als jemals zuvor.»

Nur das Zischen des Kronkorkens. Ansonsten – ist es still.

«Das ist süß von dir», kann ich mir nach einer Weile abringen. Mehr nicht. Ich bin doch immer seine Schwester, nur irgendwie nie so, wie andere sich das vorstellen. Wir tauschen einen Blick aus, der unsere Gedanken verbindet. Verrückte Sache, das. Familie.

«Mir fehlen unsere Eltern», spricht Flipps leise aus, was da zwischen uns schwebt.

«Mir auch», sage ich und vermisse einen ganz bestimmten Arm, der sich früher immer so verlässlich um mich schlang.

Auch mit Ende dreißig bin ich immer noch das kleine Mädchen, das doch bitte beschützt, bestärkt und in den Arm genommen werden möchte. Auch wenn da längst Freunde und Partner und vielleicht irgendwann Kinder sind.

Immer noch schaue ich nach oben, um mir versichern zu lassen, dass das alles gut und richtig ist, was ich da tue, auch wenn da längst niemand mehr ist. Ich lege den Kopf in den Nacken und schaue auf zu denen, die von der ersten Minute an da waren und mich zu dem gemacht haben, was ich bin. Aber da ist niemand mehr. Seit Jahren schon bin da nur noch ich, die aus der anerzogenen Form, den Ratschlägen, dem vorgelebten Leben und dem Falsch und Richtig das Beste zu machen versucht, die weiterschnitzt an der Idee einer *Henriette Liebling*, die meine Eltern eines Nachts gemeinsam gesponnen haben. Obwohl nicht nachts, so ich den glühenden Erzählungen von damals glauben darf. Eher gegen Mittag, in einer Ferienwohnung in Aurich, auf dem Küchentisch, während im Radio «Walking on Sunshine» lief.

Eigentlich keine schlechten Voraussetzungen, denke ich mir. Eigentlich wirklich keine üblen Voraussetzungen.

Mein Kopf wird klarer beim Gedanken an meine Eltern, melancholischer und klarer. Keine Ahnung, ob man wirklich tot ist, wenn man stirbt. Das Klischee des Weiterlebens in den Erinnerungen anderer – es überlebt doch so viel von dir, wenn du gehst. So viel veränderte Welt. Irgendwann hört man nur einfach auf damit, die Welt zu verändern, aber nichts wird dadurch ungeschehen. Kein Krebs der Welt kann das wegfressen. Meine Mama hat die Welt ein paar Jahre länger verändert als mein Vater. Aber irgendwann hat diese beschissene Krankheit auch sie erwischt. Obwohl ich glaube, dass das okay war für sie. Zwei gute Kinder und die Gewissheit, dass die das alles schon schaffen werden.

«Wusstest du eigentlich, dass deine Freundin in der Schule ziemlich berüchtigt war?», fragt mein Bruder und grinst Mattes an, während er mir stolz zuprostet.

«Ich warne dich», sage ich scherzhaft. «Ruinier jetzt nicht das gute Bild, das er von mir hat.»

Mattes kichert.

«Erzähl», sagt er dann.

«Ingo Hinnekamp», bricht es aus Flipps hervor. «Auch so ein Name, den ich im Leben nicht vergessen werde.»

Ich lache. Ich weiß, was jetzt kommt.

«Achte Klasse. Und ich meine, ich bin Mathematiker, da muss ich dir nicht erklären, dass ich in der Schule jetzt nicht zwangsläufig zu den Coolen gehörte. Hätten wir noch so etwas wie Milchgeld gehabt – ich wär es jeden Tag los gewesen, wenn du weißt, was ich meine.»

«Informatiker», sagt Mattes und hebt wissend die Hand. «Und wir *hatten* Milchgeld.»

«Mein Beileid», schmunzelt Flipps. «Jedenfalls: Ingo Hinnekamp verpasst mir mal wieder Brennnesseln, und meine *kleine* Schwester marschiert auf diesen Typen zu, baut sich vor ihm auf, die vollen ein Meter sechzig, und brüllt ‹EY, DU LURCH!›»

«Lurch?»

«Beleidigungen waren damals noch nicht meine Stärke», sage ich.

«Schon ziemlich legendär», kichert Mattes. «Tut mir leid. Zehn Jahre, und ich wusste nicht, dass du dich mal für deinen Bruder hast vermöbeln lassen.»

Flipps und ich lachen.

«Geht noch weiter», sagt Flipps dann, und nimmt einen großen Schluck Bier.

«Ingo lacht sie aus und fragt, ob sie sich wirklich allein mit ihm prügeln will – und Henni, Henni …», Flipps bemüht sich, sein Lachen zurückzuhalten. «Und Henni sagt: ‹Nee, Junge gegen Mädchen ist ja unfair. Willste dir noch einen dazuholen?›»

Und dann kann mein Bruder einfach nicht mehr. Er biegt sich vor Lachen nach hinten, mein Freund verschluckt sich an seinem Bier, und ich grinse stolz. Dann muss auch ich lachen.

«Ich glaube, unsere Eltern sind selten so stolz auf dich gewesen», seufzt Flipps dann.

Unser Lachen schwindet, wir werden leiser. Mein Blick träumt davon.

«Die waren schon ganz schön coole Hunde», murmelt Flipps melancholisch. «Die haben so viel möglich gemacht. Ihr halbes Leben investiert, damit aus uns Menschen werden, die erst so richtig aufblühen, wenn sie schon längst nicht mehr da sind. Ich will mir gar nicht vorstellen, wie viel Vertrauen das braucht. Und was für Eier.»

Ich kann Mattes' Arm spüren, der sich um meine Schultern legt.

«Es ist doch verrückt, oder?», frage ich. «Einfach so ein Kind in diese Weltbevölkerung zu schießen, ohne zu fragen, ob die Welt da irgendetwas gegen hat. Wo wir doch sonst für jeden Mist um Erlaubnis bitten. Wir fragen, ob wir früher von der Arbeit verschwinden können, ob man nach zehn noch laut Musik hören darf, ob wir mit Karte zahlen könnten. Verdammt, wir fragen, ob wir in diesen oder jenen Klamotten in irgendeinen beschissenen Club kommen. Und nur bei *Kindern*, da fragen wir *nicht*. Niemanden. Wir machen einfach. Und dann sagen wir der Welt: Deal with it. Wie geil sind wir eigentlich? Wie geil bist du, Janka? Wie geil sind unsere Eltern?»

Erschöpft nehme ich einen Schluck Bier.

«Da sagste was», meint mein Bruder. «Schon cool. Gerade meine Frau. Gut, dass ich die geheiratet habe. Sonst wäre mir das nie aufgefallen.»

Wir lachen. Dann bricht die Musik über uns wie eine Welle. Aber niemand will mehr tanzen. Ich will nur denken an meine Eltern, die durch mich einfach ihre eigenen Regeln aufgestellt haben, nach denen der ganze Rest jetzt eben auch zu spielen hat. Letztendlich bin ich auch so ein Ninja-Funkgerät. Das auf dem Mist meiner Eltern gewachsen ist. Nur hat da niemand gefragt, ob man Leben so spielt. Man hat einfach gesagt: Ist jetzt so. Es gibt jetzt eine Henriette Liebling. Weil wir das beschlossen haben.

Ich lächle meinem Bruder in die Augen und genieße die dunkle Stille der Turnhalle, als die letzten Takte *Er gehört zu mir* verklungen sind. Auch wenn unsere Eltern nicht mehr da sind, uns beide haben sie hiergelassen, wir beide sind der wandelnde und handelnde Beweis, dass man vor allem sich selbst Rechenschaft schuldig ist und dass Erwachsensein wohl viel damit zu tun hat, nicht in den Verboten anderer zu leben.

Warum verbiete ich mir also selbst so viel?

Der hellsichtige DJ wird mutig und setzt mit *Born to be wild* alles auf eine Karte. Und gewinnt. Verzückt kreische ich auf. Das innere Mädchen ist stark in mir, wenn es um Rockmusik geht. Trotzdem schaffe ich es aufgrund von Alter und Uhrzeit nur noch, verhalten mit dem Kopf zu wippen.

«Rock'n'Roll mit über dreißig kann so ein trauriges Bild sein», schüttelt Janka amüsiert den Kopf.

«Ja», sage ich. «Niemand wirft mehr Fernseher durch Hotelzimmer. Wir sind mehr so nach innen wild.»

Die ganzen rebellischen Taten haben wir hinter uns. So langsam geht es eben ans Eingemachte, nicht mehr *die Gesellschaft* in Frage stellen und verändern wollen, sondern etwas ungleich Komplizierteres: uns selbst. Rebellion nach außen ist da vergleichsweise einfach. Die Welt will nicht so wie du, also veränderst du sie. Aber festzustellen, dass man selbst gar nicht ist, wie man sein möchte – da kannst du noch so viele Polizeiautos anzünden, ändern wird das nichts.

Bin ich eigentlich alt genug, um mal wieder zu rebellieren?, frage ich mich.

Steppenwolf, antwortet mir Liebling. Der DJ spielt Steppenwolf. Auf der Hochzeit deines Bruders. Damit ist eigentlich alles gesagt.

Manchmal denke ich zu viel, viel zu oft die Gedanken fremder Menschen, die allesamt annehmen, wissen zu können, wer ich verdammt noch mal sein sollte. In welchem Alter ich gerade bin. Und wofür ich angeblich zu alt oder zu jung sein soll. Was haben Jahre bitte schön mit Menschen zu tun, will ich diesen Leuten sagen.

Ich bin inzwischen definitiv zu alt, um mich noch an Regeln zu halten, die ich nicht selbst aufgestellt habe. *Darauf* werde ich scheißen.

«LASS UNS TANZEN», brülle ich und wirbele damit die ganzen, viel zu vielen Gedanken davon. Ich greife Mattes' Hand und ziehe ihn auf die Tanzfläche.

«Weißt du noch: *Tanzen, als ob niemand zusieht?* Als ob das irgendwer könnte, der unter dreißig ist.»

Mattes grinst.

Denn jetzt, jetzt schaut wirklich keiner mehr zu. Flipps gibt alles, sich selbst beide Knie auszurenken. Janka hoppelt mit den Armen rudernd zwischen uns her, und Mattes kann nur noch auf der Stelle springend jedes siebte Wort mitgrölen. Wir vier. Götterspeise on the Dancefloor. Einfarbig wackeln wir im Takt der Rebellion unserer Eltern. Vielleicht Zeit, endlich mal *selbst* Rebellion zu machen. *Selbst* etwas kaputt zu machen, was uns kaputt macht.

Zum Beispiel die Angst. Die Angst, ständig etwas falsch zu machen, die uns permanent nach oben schauen lässt und nach links und rechts und hinter uns, ob da wer steht, dem nicht gefällt, was wir da tun. Ich will Bestätigung, dass ich *richtig* lebe. Denn es fühlt sich alles so sehr nach Probelauf an, nach Versuchen. Wenn ich in der Probe etwas falsch mache, zählt es ja nicht. Auch wenn das nicht stimmt, aber es fühlt sich eben verdammt noch mal so an, so unerwachsen ohne Risiko, und gleichzeitig, als könne mich ein einziger Fehltritt Tausende Zukünfte kosten.

Ich will mich selbst wieder sprachlos sehen, wenn ich mich frage, ob irgendetwas richtig ist. Ich will sprachlos sein und selbst eine Antwort darauf finden, statt Antworten fremder Menschen nachzuplappern.

Den Lösungsbogen zu den kleinen Fragen des Daseins, den wir uns jeden Tag gegenseitig so ungeprüft vorleben, diese kommentierte Reclam-Ausgabe der Existenz, die könnte man doch einfach mal verbrennen und von vorn beginnen. Für sich selbst.

Ich habe so viel Zeit, denke ich. *Und keine Zeit, sie zu verschwenden.*

SILBER

Der Betonberg der Strateria-Hauptverwaltung erscheint mir heute früh weniger in die Landschaft gekotzt als letzte Woche noch. Perspektiven sind alles in unserem Leben. Meine Schuhe klackern über das Vorplatzpflaster auf den Eingang zu, der kleine Buchladen an der Ecke hat sich schüchtern in die Gasse gekauert, und meine Handtasche schlenkert fast ausgelassen an meiner Schulter. Vor dem grauen Himmel hebt sich dieser fugenlose Haufen Bürotrümmer kaum hervor, als schäme er sich und wolle mit dem Hintergrund verschmelzen. Von uns wird auf der Arbeit immer erwartet, ordentlich auszusehen. Warum sich Bürogebäude nicht an dieselbe Vorgabe zu halten haben – ist mir schleierhaft. *Depression aus Beton* ist eigentlich kein Look, den man als Gebäude anstreben sollte. Es sei denn, man möchte der Ruhr-Uni den Rang ablaufen, was die Suizidrate angeht.

Aber heute kümmert mich das nicht. Ich arbeite hier nur. Das ist ein neuer, revolutionärer Gedanke für mich: irgendwo nur zu arbeiten, irgendwie nur auszusehen und damit nicht direkt Urteile oder Gedanken zu verknüpfen, was andere davon halten könnten. Befreiend ist das, so eine gepflegte Leck-mich-am-Arsch-Attitüde, die hatte ich lange nicht mehr. Aber seit mir meine Nichte die Kopfhaut mit Kaugummi tapeziert hat, geht es nicht mehr ohne. Manchmal braucht es unumstößliche, vollendete Tatsachen, um frei zu sein. Zwangsläufigkeiten, mit denen es jetzt irgendwie umzugehen gilt. Was ein bisschen Kaugummi im Getriebe so alles bewirken kann. Muss ja nicht immer Sand sein. Es muss auch nicht immer die große Umwälzung sein, die große Revolution, manchmal reicht ein leichtes Zwinkern und ein schiefrasierter Kopf, um die Dinge gerade zu rücken, um zu erkennen, dass manche Dinge einen nicht zwangsläufig berühren müssen. Muss alles nicht sein. Nichts *muss* sein. Das in den Kopf zu kriegen fällt mir schwer.

Und so schleicht sich fast ein Lächeln in mein Gesicht, der Kapuzenpulli, den ich über meiner Bluse trage, um den Herbst fernzuhalten, schmiegt sich federleicht um meine Seele. Die Glastüren schwingen vor mir zurück, als wollten sie sich verbeugen, mich begrüßen und sagen: «Schön, dass Sie da sind, Frau Liebling.» Das tut ja hier sonst leider keiner.

Mein Telefon fiept, als ich den Aufzug betrete.

Schönen Tag, Piratenbraut. Liebe, dein Matjes.

Seit der Hochzeit sind Mattes und ich in einer maritimen Phase, was unsere Kosenamen angeht. Ich die wilde Piratin mit Freibeuterhaar, er mein Matjes. Das kann man albern finden oder eben wunderbar albern. Perspektiven. Adjektive der Existenz. Beim Schreiben soll man ja sparsam mit Adjektiven umgehen. Das sei kein guter Stil, wurde mir früher gesagt. Das Leben hingegen könnte wesentlich mehr Adjektive vertragen. Färbung. Gegen das Grau. Mehr Details.

Der Kapuzenpulli an mir ist so ein Adjektiv. Ein bisschen Liebling, ein bisschen alte Henriette, die ich auf dem Weg zur Arbeit noch sein darf. Eine Nuance von mir, die ich nicht länger zu Hause lassen will.

Mein Spiegelbild in der gerippten Metallwand des Fahrstuhls ist zerrüttet und zersplittert, unvollständig und verzerrt kann ich mir dabei zusehen, wie ich mir diesen Kapuzenpulli über den Kopf ziehe und mich verwandle in Büro-Henriette, mit ihrer unaufgeregten Bluse und dem Rock in Herbsthimmelgrau. Den Pulli ganz diebisch in die Tasche geknautscht. Bloß nicht falten, ist schließlich ein Kapuzenpulli. Wer Kapuzenpullis faltet, hat sie nicht verstanden. Ordnung ist angeblich das halbe Leben. Die andere Hälfte scheint aus Arbeit zu bestehen. Da muss man doch gegensteuern, wo man kann.

Die Fahrstuhltüren scheppern auf, halb acht, Leben endet, Büro beginnt.

«Guten Morgen», Elka müht sich ein Lächeln zusammen, während sie aus der Teeküche winkt, in der sie diesen furchtbaren Bürokaffee aus der Maschine quält. Vielleicht sind es die Maschinen, die ihn so furchtbar machen, so überall gleich. Bürokaffee ist Salzwasser für verdurstende Schreibtischseelen.

«Morgen», flöte ich im Angesicht des flüssigen Verderbens und bin fast erleichtert, als mir Elka keinen anbietet.

«Der ist noch nicht durch.»

«So ein Pech aber auch.»

«Warte mal. Was ist mit deinen Haaren passiert? Soll das so?»

«Ja, sicher», rufe ich über meine Schulter. «Muss doch nicht immer alles gleich aussehen.»

Mein Rechner fährt anstandslos hoch, keine Update-Kreise mehr, alles neu und schön, tonnenweise Arbeit hat sich im Postfach eingenistet. Kein Sinn, da zu selektieren, alles irgendwie gleich wichtig und unwichtig. *Es ist nur Arbeit*, rattert mein Kopf immer wieder, *nur Arbeit, lass das nicht auch noch in deinem Kopf nisten, mach einfach, denn einfach machen, das gehört eben auch zu Perspektiven dazu.* Nicht alles persönlich nehmen, nicht alles als Aufgabe begreifen, als Mission. So lässt sich auf alles eine neue Perspektive gewinnen. Solange man in Bewegung bleibt, um den Blickwinkel zu ändern.

Gegen Nachmittag versiegt die erste Euphorie. Der Reiz des

Neuen ist kein verlässlicher Motor, der erste, neue Blickwinkel meist doch nicht so überzeugend und robust, dass er für ewig taugt. Die ersten Ideen sind selten die Besten – aber sie können alte Ideen verdrängen. Erste Ideen sind vielleicht wie undichte Luftballons in Pappmaché; Prototypen, die schnell Luft verlieren und schrumpfen, aber eine Form ermöglichen, Räume schaffen, die es dann zu füllen gilt mit dem, was man nur grob erahnt hat.

Ich weiß jetzt, als was ich Arbeit begreifen könnte. Meine Arbeit. Und damit auch mich, als Baustein meines Umfelds. Wie andere mich begreifen können. Und wie ich andere begreifen könnte. Manegold, zum Beispiel, diese Karikatur einer soliden Führungspersönlichkeit, die gerade wieder hereingetrampelt kommt und Luft holt: ein einziger Luftballon, der sich konstant selbst wieder aufblasen muss, damit er nicht in sich zusammenfällt. Er ist eine dieser ersten Ideen, die schon vor langer Zeit aufgehört haben, sich selbst weiterzudenken, ohne das zu merken.

«Mädchen, Mädchen, Mädchen», schüttelt er seinen speckigen Gorillakopf und stützt sich auf Tinis Schreibtisch. «Was hast du denn da an? Was soll das sein?»

Irritiert zittert seine ausgestreckte Hand vor Tinis Polohemd herum. Rosa, zugegeben. Nicht die seriöseste Farbe. Andererseits hat man als Chef mit Hang zum gesunden Schweinchen-Ton im Gesicht da auch nicht so viel zu melden. Objektiv betrachtet. Hierarchisch hingegen – schon.

In was für einer wundersamen Welt wir leben, in der es Menschen zusteht, sich an der Kleiderwahl seiner Mitmenschen verbal auszutoben. Kleiderordnung. Paragraph 106, Irgendwasgesetz. Öffentlich diskutieren zu dürfen, welche Kleidung jemand anders im Büro zu tragen hat. Das nennt man dann *Führungsstil*. Polohemd statt Bluse hingegen: *Ungehorsam*. Und da sage noch mal einer, im *Internet* würden sich die Leute eine Menge rausnehmen. Vielleicht sind das aber auch alles Chefs, die da im Internet rumkommentieren und Frauen als ungefickte Emanzen bezeichnen, sobald die nicht mit ihnen einer Meinung sind. Das zumindest würde einiges erklären. Das Problem ist nur: Wir sind hier nicht im Internet. Wir können nicht einfach aufstehen und davon weggehen.

Obwohl ...

«Was ist mit dem Hemd?», schiebt Tini langsam, stotternd hervor, während sie mit zitternder Hand versucht, imaginäre Falten an ihrem Polohemd glatt zu streichen. Erste Köpfe wenden sich. Meiner gehört dazu. Blicke schleichen in diesen Büros. Pirschen sich wie überall anders auch an den Kampfplatz. Lautlos. Wir sind alle nur Beobachter. Zivilcourage ist so viel leichter, wenn es Nazis sind und nicht dein Chef. Weshalb ist das so? Etwas regt sich in meinem Mund. Ich weiß nicht, ob ich kotzen oder sprechen möchte. Vielleicht beides.

«Ich habe Ihnen das bereits mehrmals erklärt, Mädchen», faselt Manegold weiter quer durch die Pronomen, «du kannst hier nicht rumlaufen, wie du willst. Wir sind ein seriöses Unternehmen, und unsere Mitarbeiter haben sich anständig zu kleiden, verstehen Sie das?»

Sprechreiz.

Mein Mund füllt sich.

«Wow, *das* war verwirrend», sage ich. Es ist ein Reflex. Ein lange nicht geübter. Schön zu sehen, dass manches doch nicht ganz verschüttet wird, egal wie viel Büro man drauffallen lässt. Der Reflex, zum Beispiel, genau zum falschen Zeitpunkt auszusprechen, was man denkt. Ein Reflex, der das Leben komplizierter macht, als es sein müsste.

Nach langer Zeit bin ich keine mehr, die es sich einfach macht. Dabei bin ich gar nicht mutig. Nur vorlaut. Aber vielleicht reicht das manchmal schon.

«Bitte was?»

Die stummen Bürobewohnerblicke haben sich um mich geschart, eine stillschweigende Herde am Wasserloch. Schafsstarre. Ich kann sie verstehen. Ich will auch schweigen. So viel Macht in der Stimme haben sie, diese Menschen, die immer schreien, auch wenn sie flüstern. Und solche Angst haben wir vor ihnen, diesen Menschen, die selber nur aus Angst diese Stimmen haben, aus Angst, dass niemand mehr ihnen zuhört, und aus Hilflosigkeit. Sie haben gelernt, dass man nur gewinnen kann, wenn die anderen verlieren.

Ich weiß nicht, *wie* man sie besiegt. Ich weiß nicht, *ob* man sie überhaupt besiegen *muss*, denn es ist ja *ihr* Spiel. Man muss nicht mitspielen. Und vielleicht reicht es schon, die Regeln zu ändern. Eigene Regeln aufzustellen. Wenn sie schreien – musst du nicht zurückschreien. Du musst gar nichts. Nicht einmal antworten. Letztlich – musst du nicht einmal Angst haben. Denn wenn diese Angstmenschen eines aus dem Konzept bringt, dann ist es, mit ihrem Geschrei nicht ernst genommen, nicht gefürchtet zu werden. Du könntest sagen: «Ich hole Ihnen mal schnell einen Lutscher, Chef», um anschließend im Walzerschritt lächelnd aus dem Büro zu tanzen. Dann wirst du womöglich gefeuert. Aber du könntest es tun. Dieses Wissen allein, dass du es durchaus tun könntest, ist eine Menge wert. Und es wirft eine einfache Frage auf: Wie viel Selbstwert darf meine finanzielle Sicherheit eigentlich kosten?

Kurz überschlage ich das im Kopf und komme auf einen ungefähren Preis.

«Herr Manegold», sage ich dann feierlich und schiebe meinen Bürostuhl diesen berühmten einen Zentimeter zurück. Das ist eine befreiende Ersatzhandlung, wenn man gerade keine Ärmel hat, die man sich hochkrempeln kann.

«Ich kann bei diesem Geschrei nicht arbeiten. Ginge das auch ein bisschen leiser? Oder, und das wäre *ganz* wundervoll, vielleicht auch: *überhaupt nicht?*»

Gerne hätte ich da noch einen Satz drangehangen, in dem die Begriffe «pavianartig», «Verunsichertes-Alpha-Männchen-Gehabe» und «auf den Sack» vorgekommen wären, aber meine Kosten / Nutzen-Rechnung Selbstwert vs. finanzielle Sicherheit war ohnehin schon knapp kalkuliert. Kompromisse tun weh, aber ich schätze, ich habe meinen Standpunkt ausreichend klargemacht.

Manegold gönnt sich einen sehr tiefen Atemzug, bevor er schweigt.

«Das ist ein Polohemd», sagt er dann.

«Das ist richtig», sage ich.

«Das ist gegen die Kleiderordnung», ranzt Manegold trotzig weiter. «Smart Casual und Business Casual erstreckt sich nicht auf Polohemden. Wir sind hier im Büro und nicht auf dem Sportplatz.»

«Bewundernswert, dass Sie den Satz von sich geben konnten, ohne selbst in schallendes Gelächter auszubrechen», will ich sagen. Aber schon bei «Bewundernswert» meldet sich die Kosten / Nutzen-Rechnung zu Wort und empfiehlt mir, den restlichen Satz noch einmal einer grundlegenden Prüfung zu unterziehen.

«Bewundernswert», murmle ich also, «... dass Sie sich da so auskennen.»

«Ist gut jetzt, Frau Liebling.»

Sein Zeigefinger wirbelt ungeduldige Kreise in die Luft.

Vielleicht hat er recht. Vielleicht sollte ich es wirklich gut sein lassen. Das ist nicht mein Kampf.

«Und über Ihre ‹Frisur› müssen wir übrigens auch noch mal reden.»

«Ich denke nicht», sage ich.

Schade, sagt mein Verstand. *Du warst doch auf einem guten Weg. Aber du musstest ja unbedingt eine Knarre ziehen in einer Messerstecherei.*

Manegold atmet schwer. Wie vor den Kopf geschlagen steht er angewurzelt da, und schon wieder saugt er sich voll heißer Luft. Schon wieder Ballon. Und dabei wollte ich doch schweigen. Schweigen ist doch Gold, reden nur Silber.

«Aber wer sagt, dass man immer Gold wollen sollte?», fragt mich Liebling in diesem Moment. «Ist ein wohlverdienter zweiter Platz nicht besser als ein erster, für den man schummeln musste? Sich selbst betrügen?»

Das ganze Gerede über Kleiderordnung und meine Frisur, das ist so lächerlich. Wer sind wir denn, dass wir uns verleugnen sollten?

«Es gibt übrigens noch etwas Besseres als Gold», setzt Liebling hinterher.

«Platin. Das sieht aus wie Silber. Und das gibt es nicht fürs Fressehalten. Sondern für Taten.»

Und bevor Manegold noch weiter anschwellen kann, bevor er wieder seine Angstschreistimme wie eine Axt durch dieses Büro schwingen kann, greife ich in die Tasche neben mir. Ziehe langsam und zaghaft erst, dann mit immer mehr Überzeugung meinen Kapuzenpullover heraus. Lächle zu Manegold. Streife ihn über.

«Der Pullover ist jetzt nicht rosa», sage ich dann. «Ich hoffe, es ist trotzdem *nicht okay.*»

Wie schön wäre das, wenn diese Dinge endeten, wie sie in Büchern enden? Ein verwegener Akt für das gute Gefühl, und das Kapitel ist vorbei. Das Problem bei einem Happy End ist ja, dass das Leben danach weitergeht. In meinem Buch musste niemand Konsequenzen tragen, so ich das nicht wollte. Und ich wollte das nie. Es liest sich doch viel schöner, wenn man einfach mal gewinnt, dachte ich. Aber ich bin keine Schriftstellerin mehr, die jetzt einfach ihre eigene Geschichte schreibt und sich darin gewinnen lässt. Es geht nicht ums Gewinnen. Nie geht es ums Gewinnen, selbst wenn man es mal tut. Es geht immer um das *Danach*. Perspektiven – und eben Konsequenzen. Dass alles seinen Preis hat, das klingt so abgedroschen, klingt so verbittert und gewollt weise, so fucking Glückskeks.

Selbstwert. Heute steht der Kurs gut. Eine schriftliche Abmahnung zum Beispiel ist zum Spottpreis von ein paar flapsigen Worten plus Kapuzenpulli zu haben. Da soll noch einmal einer sagen, mein Arbeitgeber sei knauserig. Alles eine Frage der Perspektive.

Jetzt stehe ich mit einem Bein auf der Straße, könnte man so sehen. Oder aber: mit einem Bein an der frischen Luft. Ich könnte süchtig werden nach diesem kleinen bisschen Ungehorsam, nach diesem Dagegensein, aber letztlich ist das auch nur pathologische Scheiße. Immer gegen etwas zu sein bedeutet ja auch, nie für etwas sein zu können, und ich will für etwas sein. Für mich, zum Beispiel. Dafür, mich nicht mehr ganz so sehr zu verbiegen, und das geht leichter, jetzt, wo ich die Bruchstelle kenne. Wir alle müssen uns ja verbiegen, jeden Tag, da führt leider selten ein Weg dran vorbei. Aber vielleicht nicht ganz so weit, wie wir das denken.

Denn so will ich das alles sehen. Das Geschrei, die Abmahnung, die Erniedrigung, die Speichelfetzen und die Blicke.

Vielleicht auf dem Weg nach Hause. Unsicher staksend, wieder sehnsüchtig vorbei am schüchternen Buchladen und den Cafés, das Make-up ein bisschen verrutscht, irgendwo zwischen Zittern und Lachen. Irgendwo dazwischen werde ich da eine Haltung zu finden. Denn ohne Haltung – weiß man schließlich nie, wann man sich verbiegt.

WAS MACHT EIGENTLICH CHE?

Nicht zu wissen, wer man ist, das ist das milde Vollkornbrot der Probleme. Machst du nichts falsch mit, hat eigentlich jeder im Haus, sorgt jetzt aber auch nicht für Begeisterungsstürme, wenn man's mal erwähnt. Es ist Samstagnachmittag, ich liege auf der Couch, und die Zeit scheint an mir vorbeizufliegen. Ich habe es irgendwie durch diese Woche geschafft, viel geschwiegen und den Kopf eingezogen, versucht, das Büro an mir abprallen zu lassen. Aber dieser Laden ist die chinesische Wasserfolter. Klingt erst einmal nicht schlimm, aber nach einer Zeit hast du das Gefühl, dass es sich in deinen Kopf bohrt. Dich aushöhlt. Steter Tropfen.

Ich kann Mattes aus seinem Arbeitszimmer fluchen und tippen hören. Samstagsarbeit. Ich starre wieder an die Decke und lasse mich von meinen existenziellen Fragen anöden.

Klassische Therapiesituation. Frau liegt auf der Couch und weiß nicht, wer sie ist. Nur fehlt der alte, bärtige Mann mit dem Notizblock.

«Ich wäre gerne wieder zwanzig», höre ich mich in meinem Kopf verzweifeln. «Saufen, studieren, ohne Helm Motorrad fahren.»

«Wow, ich glaube, das ist das *Älteste*, was du je gedacht hast», sagt Liebling verschmitzt, die in meinem Kopf am Fußende der Couch sitzt und bedächtig in einem Kaffee herumrührt.

«Keinen Helm zu tragen ist doch auch nur so ein Symbol absoluter Hilflosigkeit, wenn es darum geht, sich selbst auszudrücken», meint sie dann. «Genau wie Dreadlocks. Oder, ganz schlimm, Che-Guevara-Autoaufkleber. Die du dir dann auf deinen Smart-Cityflitzer kleben kannst, der so herrlich bunt und verrückt ist, genau wie du. Und dreißig Millionen andere auch.»

«Punkt für dich», sage ich und taste verlegen an meinen zerschnittenen Haaren herum.

Was für ein seltsames Universum, in das ich mich da hineingelebt habe. Dass es mal den guten alten Che erwischt und er zum Symbol einer Gesellschaft wird, in der man *Revolution* im praktischen Fünferpack bei Lidl bekommt, hätte ich nicht gedacht.

«Findest du es nicht auch witzig, dass Individualität inzwischen ein *Style* ist und nichts mehr damit zu tun hat, man selbst zu sein?», fragt Liebling.

«Eigentlich eher traurig», sage ich.

«Nee, das ist witzig», meint Liebling, «Ich meine, lass dir das mal auf der Zunge zergehen: Es gibt ganz bestimmte *Regeln*, die man befolgen muss, um als *individuell* zu gelten. Wenn man *da* mal wirklich, wirklich drüber nachdenkt, finde ich das tierisch witzig. Auf so eine traurige, Die-Welt-ist-mir-egal-Art. Aber trotzdem witzig. Individualität ist ein so relevantes Gut geworden, dass wir inzwischen herausgefunden haben, wie man es *maschinell* herstellt. Für jede Geschmacksrichtung ist etwas dabei, man muss sich nur entscheiden und bei Amazon die richtige Adresse eingeben. Als Freidenker trägt man jetzt Uniform. Damit jeder sieht, dass man Freidenker ist. Vielleicht sollten die Leute noch Schilder hochhalten.»

«Ich hatte früher auch so ein Schild», sage ich kleinlaut. «Rauchen und eine Brille aus Fensterglas.»

«Ich erinnere mich», lacht Liebling. «Wir hätten uns auch

das Wort ‹Schriftstellerin› auf die Stirn tätowieren können. Hätten wir wenigstens schon mal irgend etwas geschrieben. Und es wäre subtiler gewesen.»

«Aber da waren wir fünfzehn», sage ich. «Da ist das irgendwie okay, Schilder zu haben. Mit fünfundzwanzig habe ich einmal auf einer Party einen Typen getroffen, der sich ernsthaft mit den Worten ‹Hi, ich bin Fotograf› vorgestellt hat.»

«Ich weiß», sagt Liebling. «Ich war dabei.»

«Vielleicht hätte mir da ein Licht aufgehen können.»

Wieder kratze ich an meinem wildrasierten Kopf herum und starre aus dem Fenster auf die Wolken, die sich über der Stadt tummeln. Gedankenverloren wickle ich wieder und wieder dieselbe Strähne um meinen Zeigefinger.

«Gott, ich hasse meine Haare. Die müssen aussehen, als sei ich krampfhaft auf der Suche nach 'nem Plattenvertrag in der Indierock-Szene, könnte aber nicht Gitarre spielen.»

«Ein bisschen …»

«Und genau deshalb lasse ich das so. Vielleicht ergibt sich dadurch ja eine spannende, neue Karriere.»

«Oder du lässt das so, weil es dir gefällt. Wäre ja auch 'ne Option. Und jetzt hör auf, daran rumzuspielen.»

Aber ich kann nicht. Minutenlang schon starre ich auf diese eine rote Strähne, die mir von meinem langen, schönen Haar geblieben ist. Mehr und mehr beginnt diese «Frisur» auf meine Seele abzufärben, auch so ein Schild zu werden, und ich weiß nicht, ob ich das schlimm finden soll. Vielleicht ist das so, wenn man anfängt, sich auf Dinge zu konzentrieren, die eigentlich im Hintergrund bleiben sollten. Alles wächst, wenn man es betrachtet, alles wird größer und bedeutet mehr. Je mehr Raum ich diesen Haaren gebe, mich zu definieren, desto mehr werden sie es tun. Und dabei ist das doch nur ein kleiner

Teil von mir. Der aus mir wächst. Den ich annehmen – oder ändern kann.

«Bahnbrechende Metapher, so Haare», sage ich irgendwann in die Leere. «Hätte ich mir nicht schlechter ausdenken können.»

«Immer noch die Schriftstellerin», lacht Liebling und nimmt einen viel zu langen Schluck aus ihrer Tasse. «Bist du das eigentlich noch, oder haben wir das komplett drangegeben?»

«Keine Ahnung», sage ich unbedacht. «Ich glaube, derzeit weiß ich gar nicht, was ich eigentlich bin.»

Meine Fresse. Mein jüngeres Ich und dieser Samstagnachmittag hier, die sollten eine Praxis aufmachen. Da passt du einmal nicht auf, spielst mit deinen Haaren rum, und schon sagst du etwas, was dir seit Jahren im Kopf rumgeht, sich aber standhaft weigert, endlich mal ausformuliert zu werden. Gedanken brauchen wohl die richtigen Worte, in denen sie sich wohl fühlen, bevor sie sich mal zeigen. Wie Kinder sind diese Gedanken, denen du zwanzigtausend Klamotten ins Zimmer schmeißen musst, nur damit sie sich endlich mal was anziehen und rauskommen.

«Ich glaube, ich habe ein Kind. Weiß ich aber nicht so genau, es braucht immer so lange, sich für ein Outfit zu entscheiden, vorher kommt es nicht raus aus dem Kinderzimmer, und die letzten zehn Jahre war wohl irgendwie nichts Passendes dabei.»

Furchtbar ist das. Dieses Warten vor der Zimmertür. Und dann kommt dein Problem endlich raus, baut sich stolz vor dir auf – und es sieht sehr, sehr durchschnittlich aus.

Ich weiß nicht, wer ich bin. Was für eine Enttäuschung.

Wie soll das auch gehen, dieses «Wissen, wer man ist»? Immer, ständig und überall soll man sich selbst finden, als ob wir alle ständig verloren wären. Ich glaube, man weiß ziemlich genau, wer man ist, jeden Moment weiß man das, aber wir bekommen das mit der Perspektive nicht hin. Ich schaue nie hin, wer ich gerade bin. Ich schaue immer nur darauf, wer ich nicht bin, was ich nicht tue, was ich nicht mag und nicht kann. Ständig ist man *keiner, der irgendwas* tut. Es ist ja auch viel einfacher, dazu zu stehen, irgendetwas *nicht* zu sein. «Ich bin *keine*, die Gefallen daran findet, ihre eigenen Popel zu essen» – das sagt sich doch im eigenen Kopf viel leichter als, zum Beispiel: «Ich bin *eine*, die sich ganz gerne mal die Hornhaut von den Fingerkuppen knabbert.» Da muss man sofort zu etwas stehen.

Diesen Perspektivwechsel schaffe ich nicht. Dieses Bejahen, ohne sich von etwas zu distanzieren. Teil von etwas zu sein, das geht mir gegen den Strich.

Ich weiß ziemlich genau, wer ich nicht bin, und das erfordert so viel weniger Mut, als zuzugeben, wer man ist. Denn wissen – tue ich das wahrscheinlich sehr genau. Aber ich traue mich nicht, dort hinzuschauen, aus Angst, dass mir nicht gefällt, was ich da sehe, weil es nicht dem entspricht, wer ich sein will. Weil ich damit etwas verliere, was mich abgrenzt vom Rest.

Ich lebe viel zu oft in meiner eigenen Vergangenheit, bin viel zu oft *nicht mehr* irgendetwas, in meinem eigenen, feigen Kopf, statt hinzuschauen, was jetzt stattdessen da ist. Denn ich glaube, der, die ich früher war, würde nicht gefallen, wer ich bin. Was schon wieder so ein Vergangenheitsbezug ist, so ein Abgrenzen.

«Ich glaube», setze ich dann nach einer stillen Ewigkeit bedächtig hinterher, «ich bin eine, die gerne wäre wie früher.»

«Meine Fresse», sagt Liebling. «Sind wir heute ein bisschen melodramatisch, oder was? Ich weiß nicht, ob wir genug Wein für so was dahaben. Davon abgesehen klingt das ganz schön pathetisch. Du könntest doch auch einfach sagen: Du, ich glaube, ich bin irgendwie unzufrieden. Vielleicht mag ich meinen Job nicht so sehr.»

«Das klingt aber immer so gewöhnlich.»

«Genau da liegt doch das Problem. Du sagst das, als sei das etwas Schlechtes. Gewöhnlich zu sein. Meine Güte, Henni, bitte. Hast du so große Angst davor, normal zu sein? Redest du deshalb so ausführlich mit dir selbst? Weil dir das irgendwie ‹verrückt› und ‹besonders› vorkommt? Als deine innere Stimme und Produkt deiner Vorstellungskraft lass mich dir sagen: Das isses nicht.»

Gebannt liege ich auf dem Sofa und atme aus.

Bin ich gerade von meiner eigenen Phantasie beleidigt worden?

«Viel wichtiger aber», bohrt Liebling einen letzten Dolch in mich, «wenn dein größter Wunsch ist, anders zu sein, sich zu unterscheiden: Wovor genau läufst du dann eigentlich weg?»

Und da ist er, mal wieder, der Moment, wenn sich Gedanken in so unschöne, klare Worte kleiden. Vor einer Normalität davonlaufen. Krampfhaft *ganz besonders* sein zu wollen, weil man meint, das zu müssen, weil man sonst ja nicht man selbst ist. Vielleicht habe ich wirklich Angst davor, mich selbst darin zu verlieren, was mir zu bequem erscheint und unanstrengend. Vielleicht kämpfe ich deshalb so oft. Damit es anstrengender wirkt. Und ich bin müde vom Strampeln der letzten Zeit, vom mühevollen Ringen um meinen *eigenen* Zugang zum Leben, vom ständigen Suchen nach *meiner* Art, die Dinge anzugehen. Was mich angeblich ausmacht. Vom ständigen

Kämpfen, irgendwie sein zu dürfen. Aus dem Gefühl heraus, dass mir irgendwer dabei widerspräche. *Aber niemand tut das,* stelle ich fest. Niemand widerspricht mir. Ich kämpfe einen beschissenen Kampf, weil ich meine, ihn kämpfen zu *müssen.*

Blase ich das alles auf, will ich Hürden sehen, damit es etwas zu kämpfen gibt, damit sich dieses Ich-Sein wie etwas Wertvolles anfühlt, weil ich dafür gekämpft habe?

Vielleicht kann ich ja tatsächlich einfach sein, wer und wie ich will, ohne das ständig in Gefahr zu sehen. Nicht alles, was gut ist, muss erkämpft werden. Manchmal reicht es vielleicht, etwas einfach zu tun, ohne daraus gleich einen Akt der Rebellion zu machen. Vielleicht ist das diese Individualität. Sich selbst zu begreifen als etwas, was nicht erst mühevoll erkämpft werden muss, sondern einfach da sein darf. Nicht mehr in Widerständen denken. Keine Kanäle in die Landschaft schlagen, die um jeden Preis Berührungspunkte vermeiden. Ein Fluss sein, der sich entweder biegt – oder so lange und stoisch gegen ein Hindernis fließt, bis er sich einen Weg hindurchgebahnt hat.

Aber kein Fluss fließt mit Absicht gegen einen Fels, weil er meint, er müsse das tun, um zu zeigen, dass er kein Kanal ist.

Mein Kopf ist leer, verquere Henriette-Gedanken sprudeln wie ein unbändiger Fluss an meinem Verstand vorbei.

«Ich bin kein Kanal!», bricht es dann trotzig mit ein paar Tränchen aus mir hervor.

«Das ist richtig», antwortet Liebling trocken. «Das biste nicht. Keine Ahnung, wie du darauf kommst, aber ich kann dir versichern, dass du kein Kanal bist. Hundertprozentig. Aber ich mag dich trotzdem.»

«Hast du was gesagt?», ruft Mattes aus dem Arbeitszimmer herüber.

«Nein, alles gut», rufe ich zurück und wische mir ein kleines Euphorietränchen aus den Augen. Ich muss so herzhaft lachen über mich und meine Unfähigkeiten.

«Hab nur mit mir selbst geredet.»

Dann sehe ich Mattes' Kopf, der ins Wohnzimmer hereinlugt, mich mustert, wie ich daliege auf der Couch, ein wenig verheult draußen auf den Himmel starre und Selbstgespräche führe. Seine Stirn in Sorgen geknittert, macht er einen Schritt auf mich zu, bleibt dann unvermittelt stehen.

«Bist du in Ordnung?»

Ich bin eine, die mal Schriftstellerin gewesen ist und schon lange nicht mal mehr liest, denke ich. Weil sie keine Zeit findet dafür, zwischen all dem Alltag. Weil ihr Alltag nicht das ist, was sie regelmäßig tut, sondern nur was sie meint, tun zu müssen. Weil sie Alltag mit Routine verwechselt, in der kein Platz ist für Gedankenwelten, die nicht ihre eigenen sind. Eine, die viel zu selten ihre Freunde anruft und unbedingt mal wieder für irgendwas auf die Straße gehen möchte.

«Ich bin eine ganze Menge», sage ich behutsam. «Und irgendwie auch so langsam wieder in Ordnung, ja.»

Ich bin so viel, denke ich noch hinzu. Zum Beispiel eine, die gerne mal Fehler macht.

Jetzt weiß ich das wieder. Keine Ahnung, wie ich das so lange nur vergessen konnte.

AN DER OBERFLÄCHE

Und die Minibar geht also *wirklich* nicht auf Firmenkosten?», seufze ich ins Zimmertelefon. «Wir haben hier zwei Tage Fortbildung aus der Hölle hinter uns, die ich dringend mal verarbeiten müsste. Und wo ich die ganzen Tage schon nichts von München gesehen habe außer hässlichen Tagungsräumen, muss ich jetzt auch nicht mehr damit anfangen. Wirklich keine Chance?»

«Keine Chance», antwortet die Frau an der Rezeption.

«Hatte ich befürchtet. Bis wann ist die Hotelbar offen?»

«Die ganze Nacht», antwortet sie.

«Immerhin», sage ich noch. «Vielleicht ist es dann Zeit für eine flüssige Strategiebesprechung, um die Übernahme der Lehrgangsinhalte ins operative Tagesgeschäft reibungslos zu gewährleisten.»

«Für wie viele Mitarbeiter soll ich einen Tisch reservieren?»

«Das wäre nur ich», sage ich dann. «In zehn Minuten bin ich unten.»

Drei Wochen sind vergangen, seit drei Wochen weiß ich wieder, dass ich eine Frau bin, die gerne Fehler macht. Seitdem ist mir kein einziger unterlaufen. Nicht auf der Arbeit, die sich mit jedem Tag enger um mich schlingt, nicht in meinem Kopf. Ich hätte mir gewünscht, dass sich alles ändert. Dass die Fehler von alleine wiederkommen, nur darauf warten, von mir gemacht zu werden. Aber das ist wohl nicht so. Jeden Tag wartet Manegold, warte ich, dass ich endlich mal wieder aus der Reihe tanze – aber nichts. Niemand hat von Natur aus einen queren Kopf. Man muss ihn so halten. Bei manchen geschieht das von selbst. Manche haben es nie verlernt. Ich hingegen schon. Zeit, meine Haltung zu korrigieren.

Zwei Stunden später schlingert mein Blick sehr, sehr glücklich und entspannt den Barmann entlang, während er mein viertes Bier zapft. Was für verrückte Berufe es gibt, denke ich dabei. Anderen Menschen Getränke einschenken.

«Sagen Sie mal, blöde Frage jetzt, aber: Ihr Job kommt mir einigermaßen langweilig vor. Kann man den wirklich gerne machen oder sogar lieben?», frage ich und deute die einsame Hotelbar entlang.

«Mögen kann man den. Aber lieben? Nein.»

«Verstehe», antworte ich. «Ich meine, Sie stehen hier, müssen Ihrem einzigen Gast zuhören und ein lächerliches Bier nach dem anderen zapfen.»

«Ach, es gibt Schlimmeres.»

«Was denn?»

«Sie könnten Wasser trinken. So kann ich Ihnen wenigstens beim Betrunkenwerden zuschauen. Was ja auch ganz spannend ist.»

«Betrunken bin ich herzzerreißend. Das können Sie alle fragen. Mich zum Beispiel. Oder meine Nichte. Die ist sieben. Die hat richtig Ahnung.»

«Drei Bier, und Sie reden einen Unsinn. Das ist toll.»

«'tschuldigung. Ich blubber viel blödes Zeug, wenn ich betrunken bin. Sagt meine Nichte zumindest.»

«Eigentlich finde ich Ihr Geblubber ganz nett. Ich meine, Sie fragen mich ja auch etwas, statt nur zu erzählen, wie scheiße es Ihnen geht.»

«Fragt man Sie sonst nicht so viel?»

«Sehen Sie, schon wieder eine ernsthafte Frage. Damit sind Sie den üblichen Gästen weit voraus. Ansonsten fragt man mich eigentlich nur, ob man noch ein Bier haben könne. Was ja letztlich keine Frage ist. Aber die Leute scheuen sich zu sagen, dass sie gerne noch ein Bier *möchten*.»

«Ist ja auch schwierig», sage ich und spüre, wie mir ganz langsam der Alkohol in den Kopf klettert. «Etwas zu *wollen*. Beim *Dürfen* hat man zumindest das Gefühl, dass einem das zusteht.»

Der Barmann lacht kurz auf. Lässt seinen Daumen über eine graue Augenbraue fahren.

«Was *wollen Sie* denn? Außer dem Bier hier?»

«*Das* ist eine gute Frage», sage ich und nippe einen letzten Schluck aus dem Glas. «Ich sage Bescheid, sobald ich eine *gute* Antwort darauf habe. Könnte aber noch ein, zwei Bier dauern.»

«Ich habe Zeit», meint der Barmann. «Und Bier. Daran soll es nicht scheitern. Aber statt einer guten Antwort später wäre auch eine schlechte Antwort jetzt okay.»

«Kündigen», sage ich impulsiv. Und bin überrascht. Das kam schneller als erwartet. Spontaner als erwartet. Vor allem aber klarer als erwartet.

«Kündigen. Hm», brummt der Barmann in seine grauen Bartstoppeln. Seine Zunge hat sich in die linke Wange gebohrt. Bedächtig scheint er auf seiner Antwort herumzukauen.

«Ist jetzt ein bisschen wenig, oder? ‹Kündigen wollen›.»

«Ich sagte ja: Die gute Antwort braucht noch ein bisschen. Aber ich schätze mal, die wird auch nur unterstreichen, was ich alles nicht will. Und das ist eine ganze Menge.»

«Und ganz schön wenig», murmelt der graue Barkeeper, während er mir das nächste Bier herüberschiebt. «Wussten

Sie, dass 78 Prozent der Menschen, die eine gewünschte Veränderung in einem Negativ beschreiben, also etwas explizit *nicht mehr* wollen, dass 78 Prozent davon am Ende ihr Leben kein Stück verändern?»

«Krasse Statistik», sage ich.

«Habe ich mir ausgedacht», sagt der Barkeeper. «Stimmt aber trotzdem.»

Dann lächelt er.

«Mal ernsthaft: Was ich wirklich gelesen habe, ist, dass es hilft, positive Änderungen anzustreben. Also nicht kündigen, sondern einen anderen Job machen wollen. Kündigen können Sie immer, das ist kein Ziel. Das ist ein Mittel zum Zweck.»

«Was Sie alles lesen», sage ich. «Ich würde mich freuen, wenn ich auch nur ein Buch im Jahr hinbekäme. Ich habe früher so viel gelesen. Und jetzt …»

Meine Arme wedeln ziellos umher.

«Ja, jetzt was?», bohrt er nach.

Ich zögere.

«Ich muss da was dran ändern», sage ich dann.

«Sie können», sagt der Barkeeper. «Sie müssen nicht. Sie können. Wie so ziemlich überall im Leben.»

«Können Sie mir denn noch ein Bier machen?»

«Das ist mein Job», grinst er.

«Können Sie das denn auch als Betriebsessen verbuchen und direkt auf die Hotelrechnung packen? Ich bin schließlich auf einer Weiterbildungsmaßnahme, und ohne Alkohol mache ich zu wenig Fehler, aus denen ich was lernen könnte, behaupte ich jetzt mal.»

«Betriebsessen», schmunzelt er. «Auf Firmenkosten saufen. Sie sind mir ja eine.»

«Ist eine schlimme Firma.»

«Wie sagt man so schön? Ein Schnitzel sind sieben Bier.» Er zwinkert.

«Da hab ich ja was vor heute», kichere ich.

«Wenn Sie schon auf Firmenkosten betrunken sein wollen, dann richtig, oder?»

Ich zwinkere zurück.

«Muss ich wohl», sage ich dann.

Die Nacht vergeht in einem Augenaufschlag.

«Guten Morgen», flötet mir Mattes durchs Telefon entgegen. «Ich dachte, du hast dir wahrscheinlich keinen Wecker gestellt, da rufe ich dich einfach an, du Schlafmütze.»

Alles dreht sich. Ich liege angezogen im Hotelbett, das Telefon in der Hand. Keine Ahnung, wie es da hinkommt. Dieser Barkeeper macht keine Gefangenen.

Ächzend wälze ich mich aus dem Bett, ziehe die Gardinen beiseite und versuche, mich nicht direkt zu übergeben.

Sonnenaufgang. Tatsache. Irre, wie schnell Schlafen geht.

«‹Danke›», grummle ich, stolz, so früh am Morgen schon die ironischen Anführungszeichen perfekt hinzukriegen.

«Ist es sehr schlimm?», fragt Mattes.

«Ja», krächze ich. «Irgendwie bin ich aus dem Alter raus, wo saufen auch am nächsten Morgen noch Spaß macht. Und zu jung, um das *wirklich* nie wieder zu tun. Bitte erschieß mich.»

Ende 30 ist der natürliche Lebensraum des Wortes «eigentlich». Wenn die Vernunft den ersten Schultag hat und cool rüberkommen will. Denn *eigentlich* weiß man es besser. *Eigentlich verträgt man ja nicht mehr so viel. Aber vielleicht heute ja doch. Kann es denn schaden, das auszuprobieren?*

Dass der Mensch ab 30 nicht mehr so viel verträgt, ist eine sehr kotzbare Erkenntnis.

Dafür erträgt er mehr, und das ist ja auch schon was. Ich zum Beispiel ertrage das Sonnenlicht, das sich mit Eispickeln in meine Netzhaut trümmert. Weil ich ein großes Mädchen bin, das gestern Abend zu viel auf Firmenkosten gesoffen hat. Ein Lächeln quält sich hervor. Ich hab's immer noch drauf.

«Du, ich muss irgendwie diesen Tag überlebbar machen. Sehen wir uns heute Abend?»

«Sicher. Wenn du überlebst.»

«Ich dich auch.»

Eine Dusche später fühle ich mich zwar nicht im mindesten besser, sehe aber immerhin so aus. Halbtot schleppe ich mich aus dem Zimmer. Im Aufzug hole ich tief Luft. Zeit, wieder unter den Lebenden zu wandeln. Oder zumindest so was in der Art.

Die Fahrstuhltüren öffnen sich und spülen mir ein geschäftiges Kollegenmeer eisig ins Gesicht. Aufgewühlt und grau wogen Mitarbeiterwellen gegen die Rezeption, kalt und unwirtlich schwappen Wortkronen über den Tresen, dazwischen glitzernde Rollkoffer, die sich verängstigt in der Menge tummeln. Nicht schon wieder diese Menschen. Dieses Gefühl, dass der Druck nicht stimmt. Falsche Umgebung. Ich erinnere mich, mir mal vorgenommen zu haben, neue, kalte Wasser zu suchen, in die ich springen würde, wenn ich so weit wäre. Aber habe ich wirklich hieran gedacht? An dieses Menschenriff? Ich meine, ich bin ja längst gesprungen, vor sieben Jahren schon. Vielleicht aber einfach in das falsche Wasser. Es wird sich nie wärmer anfühlen als das hier. Und das hier – das ist mir einfach zu kalt.

Es hat mir die Kopfschmerzen davongespült. Die letzten verzweifelten Schlieren von den Augen gewaschen. Ich gehöre hier nicht her. Und das ist völlig in Ordnung so.

Ich werde kündigen müssen.

Wie simpel diese Erkenntnis ist. Und befreiend.

40 Menschen wollen zeitgleich auschecken und bitte nicht der Letzte sein. Ihre Schuhe hallen auf dem edlen Steinboden, und ihre Mäntel spiegeln sich in glattpolierten Bodenflächen, alles glänzt und schimmert und lässt meine Kopfschmerzen zurückschwappen.

Tief muss ich Luft holen, um mich nicht zu übergeben. Es ist ein Auftauchen, nach viel zu langer Zeit. Auftauchen und Luft holen.

Das hier, das wird auch ohne mich funktionieren. Ich aber, ich sollte nicht hier sein.

«Henriette Liebling, 402», krächze ich über den Tresen, als ich an der Reihe bin. Mit einem Lächeln deute ich auf die menschenvolle Lobby hinter mir. «Ich gehöre da auch noch zu», zwinkere ich der Dame an der Rezeption zu. «Strateria-Versicherung.»

«Hab ich mir fast gedacht», kommt es zurück. «402. Moment.»

Elegant tippt sie in ihrem System herum. Still bete ich, dass der Barmann Wort gehalten hat. Kreuze die Finger.

«Ja, wunderbar», sagt sie, «alles in Ordnung.»

«Wie toll», stammle ich. Er hat es tatsächlich getan, dieser Barmann der Barmänner, jubele ich. *Ich habe es tatsächlich getan.* Auf Firmenkosten Bier getrunken. Das perfekte Verbrechen.

Nimm das, Manegold, denke ich triumphierend. *Ich hoffe, meine Spesen treiben euch in den Ruin!*

«Wenn SIE wüssten», platzt es dann unvermittelt laut aus mir heraus.

«Wenn ich WAS wüsste?»

Vielleicht wäre das der Moment gewesen, die Klappe zu halten.

«Wenn SIE wüssten, was mir das für ein gutes Gefühl gibt.»

«Ich muss hier jetzt weiterarbeiten.»

«Ich ... nicht», fällt mir auf. «Ich *muss* hier gar nicht arbeiten», bedeute ich der Frau an der Rezeption mit großer Geste auf die Kollegen hinter mir.

«Irgendwo, klar. Aber nicht hier. Habe ich gerade beschlossen, als ich aus dem Fahrstuhl kam.»

«Guter Fahrstuhl», sagt die Rezeptionistin.

«Guter Tag», sage ich und drehe mich schwungvoll um.

Ich *muss* nicht kündigen, korrigiert mich mein Kopf ein letztes Mal, während ich lächelnd nach draußen gleite.

Ich darf.

WALHEIMAT

Das gute Gefühl des Aufbruchs, das ich noch im Hotel verspürt habe, dauert genau eine S-Bahn-Fahrt zum Flughafen.

Am Check-in fand niemand den Inhalt meines Handgepäcks interessant genug, um darin herumwühlen zu wollen. Ich überlege, ob mich das treffen sollte. Dann rühre ich weiter in meinem zweiten Kaffee und starre durch das Fenster nach draußen auf das Rollfeld. Die Ansagen schnarren nacheinander durch die Gänge, Flugnummern und Gates, irgendwer wird gesucht, und bloß das Gepäck nicht alleine lassen.

In der Spiegelung der Scheibe kann ich einen jungen Mann sehen, der zielstrebig zum dritten Mal in eine andere Richtung geht. Wahrscheinlich sucht er die Toiletten und ist bemüht, sich nicht anmerken zu lassen, dass er sich überhaupt nicht zurechtfindet. Sich irgendwo nicht auszukennen scheint ein großer Makel geworden zu sein, etwas nicht zu können ein Schandfleck in der Biographie. Gerade Menschen in meinem Alter, und da scheinbar vor allem Männer, müssen alles können und alles schon einmal gemacht haben. Deshalb rennen wir immer so wahnsinnig geradlinig durch Flughäfen und Fußgängerzonen und irgendwie auch durch das Leben. Weil wir immer so wirken wollen, als würden wir das alles schon kennen. Und um die Tarnung perfekt zu machen, erklären wir anderen Menschen den Weg dabei.

Bloß nicht stehen bleiben. Nicht anmerken lassen, dass wir uns verlaufen haben, dass wir den optimalen Weg durchs Leben nicht kennen. Dass wir noch experimentieren, suchen.

Ab welchem Alter sind Neugier und Staunen eigentlich nicht mehr okay?

«Henriette, wir boarden gleich.» Meine Augen verfangen sich in Elka, die mir aus der Spiegelung zulächelt. Schweren Herzens drehe ich mich zu ihr. Kein unbefangenes Denken mehr, jetzt, wo ich mich wieder beobachtet weiß. Es ist ein seltsamer Widerspruch, sich durch Gesellschaft sogar am Denken hindern zu lassen. Tanzen, als ob niemand zusähe.

«Ich habe den Flugzeugen zugeschaut.»

«Und, willst du auch mal eins werden, wenn du groß bist?»

Den Dialog kann man sich sparen. Wenn man nicht wie ein Kind behandelt werden möchte, natürlich. Und wer möchte das schon. Wobei: Kinder müssen immerhin nicht jeden Tag ins Büro. Obwohl da einige Konflikte wahrscheinlich effizienter gelöst würden. Ein Schäufelchen ins Gesicht ist bei Meinungsverschiedenheiten wesentlich direkter und ehrlicher als konstantes Mobbing oder Bürokaffee. Und gesünder für alle Seiten. Emotional gesehen zumindest. Erwachsene sind so fehlsublimiert in ihrer Aggression, es ist zum Schießen. Aus falsch verstandener Höflichkeit verzichten wir darauf, uns die Fresse zu polieren, und treiben uns lieber gegenseitig durch Psychoterror in die Arbeitsunfähigkeit. Weil das zivilisierter ist. Und niemanden verletzt. Zumindest nicht unmittelbar. Und darum geht es wohl.

Abstreitbarkeit. So, wie ich öffentlich abstreite, mich hier und im Leben nicht zurechtzufinden. Elka hingegen findet sich wirklich erstaunlich gut zurecht. Zielstrebig hechtet sie mir voraus und führt mich präzise zum Gate, ohne auch nur einmal falsch abzubiegen. So ein Flughafen ist dann doch erstaunlich klein und übersichtlich, wenn man weiß, wo's langgeht. Gute

Metapher fürs Leben, denke ich. Oder eben eine katastrophale Haltung dazu, bei der man nichts lernt. Da verlaufe ich mich doch lieber, im Leben und auf Flughäfen.

Jetzt hingegen ist keine Gelegenheit, sich zu verlaufen. Meine bald schon Ex-Kollegen ballen sich um den Schalter der Fluggesellschaft. Es ist noch nirgendwo ein Flugzeug zu sehen, aber ihre Gesichter fragen schon, warum man denn nicht trotzdem schon mal an Bord gehen könne. Immer diese Hektik in den Gesten, in den Gesprächen. Keine Momente, nur Möglichkeiten. Gelangweilt verlangsamt Elka ihren Schritt und kommt am Rand der Menschentraube zum Stehen.

«Zu viel versprochen», sagt sie dann und schiebt sich die Hand über ihre Stirn. «Laut Plan sollten wir aber gleich loslegen.»

Ich nicke. Dann betrachte ich die schwarze, leere Anzeige über dem Schalter. Das Bushaltestellen-Phänomen. Sofort schauen drei Kollegen hoch, nur um gleich den Blick enttäuscht zu senken.

«Wenn man aus dem Fenster rausschaut, kann man auch sehen, dass noch kein Flugzeug da ist», sage ich mehr zu mir selbst als zu den anderen.

«Aber die Anzeige ist digital», erklärt mir ein blond lackierter Anzugbewohner, den ich irgendwo als Martin und furchtbar unsympathisch abgespeichert habe. «Digital ist genauer.»

Ich liebe es, wenn Männer mir diese Dinge so ungefragt erklären. Gerne Dinge, die mit Computern zu tun haben. Aber auch wirklich komplizierte Sachen. Wie man ein Brett an die Wand schraubt. Ein Brett. An die Wand. Irre, was es alles gibt, sage ich dann immer und hoffe, dass mir ein Mann noch erklärt, wie er darauf kommt, dass ich noch nie eine verfickte Bohrmaschine in der Hand hatte. Es ist aber auch ein trauriges

Phänomen. Immer diese Singlefrauen, die ihr ganzes Hab und Gut einzeln an die Wand genagelt haben, weil sie es einfach nicht hinkriegen, ein Regal dranzuschrauben. Hört man ja immer wieder von.

Ich will lächeln, das einfach weglächeln, aber es quält sich dann doch nur ein halbherzig verzogener Mundwinkel in mein Gesicht, bevor ich mich wegdrehe. Ich muss nicht immer alles kommentieren, nicht immer alles kontern, das weiß ich seit heute früh. Ich muss auch nicht immer alles verändern. Manchmal ist es schlicht das Beste, einfach zu gehen. Noch besser als gehen wäre allerdings hinsetzen. Denn aus meinen Beinen steigt langsam die Müdigkeit und der Kater wieder hoch, bis in den Kopf. Hilflos gleitet mein Blick umher. Da reihen sich Schalensitze aneinander, wie kleine Inselkolonien zu Einheiten verklumpt. Vollbesetzt mit Wartenden. Aufrecht sitzen die meisten, um Haltung bemüht, die Aktenkoffer und Handtaschen auf die Knie genagelt, den Blackberry zwischen die Hände geschweißt, unbeweglich aufrecht. Auch im Warten nicht entspannt, als gäbe es einen Preis zu gewinnen: Der goldene Stock – Auszeichnung für würdevolle Hochglanz-Warterei.

Überall Haltung zeigen.

Die Sonne schraubt sich durch den bewölkten Himmel und klopft zaghaft an die Terminalscheiben. Ein sanftes Schimmern schleicht über den Boden, und über diesem trüben Licht schwebt eine Wolke aus verwaschenem Gemurmel, hallenden Schritten und dem Geruch wartender Menschen mit zu viel Aftershave im Gepäck. Mein linkes Bein beginnt zu schmerzen. Zu lange gestanden für die Uhrzeit. Ich verlagere mein Gewicht auf das rechte Bein, aber das hilft nur kurze Zeit. Also gehe ich ein paar Meter bis zur nächsten überfüllten Sitzinsel und zurück. Jeder Sitzplatz zum Bersten befüllt mit makellos Wartenden. Und dazwischen wir, die wir stehen müssen. Obwohl der ganze Fußboden frei ist. Bänke und Stühle sind die Spielplätze der Erwachsenen. *Irgendwer* hat sie da hingestellt, damit man da sitzt und spielt, wie das *irgendwer* nun eben gut fand. Sicherlich haben sie Vorteile, aber letztlich brauchen Kinder keine Spielplätze, um zu spielen. Sie können das überall. So wie wir letztlich keine Sitzplätze brauchen, um zu sitzen. Nur dass Kinder sich nicht gegenseitig schief anschauen, wenn man den offiziellen Spielplatz ignoriert. Kinder setzen sich im Übrigen auch überall hin. Wenn da eine Bank steht – ist das purer Zufall. Wir sind da wohl anders, wenn wir älter werden. Wir dürfen uns nicht mehr überall hinsetzen. Weil sich das nicht ziemt. Ich habe das nie verstanden. Immer nur befolgt. Wir treten lieber auf der Stelle, statt uns einfach *irgendwo* hinzusetzen.

Auch ich nicht. Irgendetwas sträubt sich in mir, mich einfach auf diesen Fußboden gleiten zu lassen, auch wenn mir die Beine schmerzen. Weil man das eben nicht tut. Haltung bewahren, was auch immer das sein soll. Lieber noch einmal durch die Flughafenwüste wandern. Vielleicht hat ja irgendwer irgendwo noch eine Bank aufgestellt oder zumindest einen Spielplatz.

Mit zu viel Zeit auf den Schultern schlurfe ich verkatert die Geschäfte entlang. Es blinkt und lärmt und glitzert alles viel zu teuer. Es zieht mich vorbei an zollfreien Schokoladennachbauten der Schweizer Alpen und Schnaps, bis mein Blick sich in einem Zeitschriftenregal verfängt. Als hätte ich versehentlich meine Harpune in einen weißen Wal gefeuert, reißt es mich herum. Ruckartig zieht es mich zurück, mich kleines Fischerboot, das vergeblich gegen den abtauchenden Wal anschwimmen will. Ein Buchladen. Und bevor ich auch nur einen weiteren Gedanken dagegensetzen kann, zieht es mich hinein. Mit aller Kraft, die so ein beschissener weißer Wal sein Eigen nennt, unter die Oberfläche, hinein in den Laden. Keine Zeit für Druckausgleich, es knackt kurz in den Ohren, Luft anhalten, und dann – bin ich zu Hause. Friedliche, wasserdumpfe Stille umarmt mich. Ich erinnere mich, Kiemen zu haben, die Buchladenluft atmen können. Dann ein erster, vorsichtiger Atemzug. Und ich tauche nicht mehr.

Man soll sich ja an seiner Liebe festhalten, hat Rio Reiser immer so schön gekrächzt, und früher habe ich Bücher geliebt, erinnere ich mich. Jetzt weiß ich endlich, was ich dem Barkeeper antworten würde, wenn er nur hier wäre. Vielleicht lässt sich so eine Liebe neu entfachen, wenn genug Zeit ins Land gegangen ist, denke ich mir und lasse meinen Zeigefinger über die so wunderschön pedantisch aufgereihten Buchrücken im Regal streichen. So viele Welten nebeneinander, ich erinnere mich an das Gefühl, sich nicht entscheiden zu können, welche man besuchen will. Und die ganze Buntheit, die einen da anspringt, wenn man die Buchrücken nebeneinander sieht. Alles ist grün und blau und türkis und rot, so farbverrückt nebeneinander.

Bedächtig schwimmt mein Blick die Titel entlang. Und fühlt sich überraschend zu Hause. So viele Titel, die mich kennen. Da stehen *Tschik* und die *Stadt aus Glas* und dann zwanzigtausend Bücher über Vampire, die ich leider alle gelesen habe. *Ein Mann namens Ove*, *Black Taxi*, aus dem Comicregal kann ich *Scott Pilgrim* winken sehen, und ausgerechnet auf einem gottverdammten Flughafen steht da auch Kafka rum, was mich einfach zum Lachen bringen *muss*. So viele alte Bekannte. Eine Überraschungsparty zu meinem Geburtstag, und mein ganzes altes Leben ist gekommen. Im Wohnzimmer kreist ein Joint aus Worten, und der Geruch von bedrucktem Papier schmiegt sich in meine Nase wie damals dieses gute Gras. Es ist warm und vertraut und so lange her. Alte Liebe vergilbt nicht. Ich streife weiter umher, und es ist egal, dass die Auswahl hier begrenzt ist, mein Kopf erfindet einfach Bücher dazu, baut die kleinen weißen, klinisch reinen Metallregale aus zu ehrwürdigen Monstern aus Holz, vollgepackt mit staubigen Klassikern. Erfindet Leselampen und Sessel dazu, ersetzt den jungen Verkäufer durch zwei, drei runzelige alte Herren, die mit verkauzten Brillen zufrieden ihren Kaffee rühren. Und irgendwo hier stehen auch Mattes und ich und streiten über Harry Potter, bevor wir uns verlieben. Eine ganze Welt voller Welten, die ich irgendwann einfach verlassen habe, weil mir mein Kopf zu voll schien. Weil mir mein Leben zu voll schien.

Mein Finger stockt. Ein grauer Buchrücken ist mir in den Weg getreten und starrt mich an. Ungeduldig ziehe ich das Buch aus dem Regal und lasse das Cover zu Wort kommen. *Arschbacken zusammenkneifen, Prinzessin!*

«Genau», antworte ich.

Darunter eine junge Frau, die an eine Hauswand gestützt Herzen auf die Straße kotzt. Da muss ich nicht einmal den Klappentext lesen. Es ist Liebe auf den ersten Blick. Ich weiß nicht, was mich reitet oder was mich all die Jahre nicht geritten hat.

Wie könnte ich jetzt *kein* Buch kaufen? Wie kann irgendwer *kein* Buch kaufen? Ich hechte zur Kasse. Aufgeregt falte ich das Geld auf die Theke. Mag es gar nicht loslassen, dieses Buch. Irgendetwas hat sich da erneut entzündet in mir, ein jahrelanger Schwelbrand, der endlich wieder ausbricht, Buchläden sind Sauerstoff für so etwas.

«Packen Sie das bloß nicht ein», rufe ich dem Mann an der Kasse zu, der gerade nach einer Tüte greifen will. Das Buch fest an mich gedrückt, eile ich aus dem Laden. Der Weg zurück zu unserem Gate ist der Weg aus der Kneipe nach Hause mit dem One-Night-Stand an der Hand. Eine Übung in Geduld und Aufregung, und ich muss an mir halten, meinem Buch nicht schon im Gehen die ersten Worte vom Leib zu lesen. Ich bin gespannt und aufgewühlt, alles in mir pocht. Ich werde wieder lesen. Und wo ich früher daran dachte, ob meine Beine wohl ausreichend rasiert sind, ob die Wohnung sauber ist, da frage ich mich jetzt, ob mein Kopf wohl unordentlich genug ist, um ein paar neue Gedanken einzulassen.

Die Kollegen sind noch da, wo ich sie zurückgelassen habe. Ich drücke mich an eine Wand und muss Luft holen, bevor ich die Seiten sich in meinen Händen entfalten lasse. Ein erster Satz ist wie ein erster Kuss. Seiten aufschlagen wie andere die Augen schließen. Inhaltsverzeichnis überblättern wie andere zitternd die Lippen dieses letzte Stückchen spitzen, allein zu zweit in einem Jugendzimmer aus Holz mit Postern an den Wänden, kurz vor dem ersten Kuss.

Und dann – steht da eine Mutter mit Milch und Keksen in der Tür. Tadaa.

«Oh, ich wollte euch nicht stören», sagt die Mutter, und in diesem Fall bin ich das selbst, nur ohne Milch und Kekse, aber ich stehe.

Es gibt nichts Schlimmeres, als diesen ersten Kuss mit einem Buch zu versauen, indem man steht. Man muss sitzen, genau wie man ein wenig Angst haben muss vor diesem ersten Kuss, sonst wirkt es nicht. So viele Erinnerungen an mich mit einem Buch. Auf dem Balkon, in meiner Küche, in der Bahn und in der Vorlesung. Und in allen sitze ich. Wenn ich jetzt jemanden umbrächte, damit sein Sitzplatz frei würde, welcher Richter hätte da kein Verständnis?

«Ich musste es tun. Ich hatte ein neues Buch gekauft.»

«Warum haben Sie das nicht gleich gesagt? Freispruch!»

Ich blicke auf den gähnend leeren Fußboden vor mir. Ein matter Sonnenglanz poliert vergeblich das stumpfe Grau. Noch immer ringt ein letztes bisschen Wie-sähe-das-denn-aus-Henriette mit dem unbändigen Wunsch, sich doch bitte endlich hinsetzen zu dürfen. Aber was sollen die Leute denken, wenn ich mich einfach auf den Boden setze? Das tut man doch nicht. Aber ich bin ja auch nicht *man*. Ich bin ja *ich*.

Und ich werde mich jetzt hinsetzen. Für Kinder ist alles ein Spielplatz.

Ich suche Blickkontakt zu Digital-ist-besser-Martin, nicke Richtung der immer noch pechschwarzen Anzeige, und als sein Blick sich dorthin wendet, lasse ich mich an der Wand herab auf den Boden sinken. Die Beine entfalten sich, mein Rücken verstummt, und nur das Buch in meinen Händen zittert noch.

Und dann spüre ich die Blicke. Die Blicke auf eine, die sich einfach auf den Boden setzt. Ich käme mir gerne ein wenig rebellisch dabei vor. Das gäbe mir das Gefühl, auf dem richtigen Weg zu sein. Aber das bin ich doch schon längst.

«Pfeif doch drauf, wie das wirkt und ob du jetzt super rebellisch bist. Darum geht's gerade doch gar nicht», sagt mein Verstand.

«Haste recht», antworte ich. «Muss ja nicht alles ein Statement sein.»

Es ist egal, ob das rebellisch ist. Nicht *dagegen sein*, sondern *ich sein*. Und langsam, ganz langsam, spüre ich weniger und weniger Augen auf mir. Da ist kein Flughafen mehr und keine

Kollegen. Da bin immer mehr ich, die hier ganz selbstverständlich sitzt und ein Buch in der Hand hat und sich nicht schert, was anderswo gedacht wird. Nur noch ich, die sich schert, was *sie* von sich denkt.

Ich bin wieder sechzehn, auf einem Bahnsteig in Bremen an meinen viel zu großen Rucksack gelehnt, sitze auf dem Boden in der Sonne und warte, bis mein Zug kommt. Und niemanden interessiert das. Weil es mich nicht interessiert. Weil man keine Stühle braucht, wenn man sich hinsetzen möchte. Es muss einem nur egal sein, wie das aussieht.

Meine Augen durchwandern das Impressum. Das Inhaltsverzeichnis.

Ich blättere um.

Ein erster Satz. Wieder lesen. Sieben Jahre fallen ab von mir. Und nach zwanzig Seiten ist unser Flugzeug endlich da. Es geht nach Hause.

NIMMERMEHR

I ch will da nicht hin», quengele ich im Hausflur.
«Sind die anderen Kinder gemein zu dir?», fragt Mattes gut
gelaunt.

«Ja. Und die Lehrer auch. Und ich finde meine Mütze doof.»

Das kleine, bockige Kind in mir stampft trotzig mit den
sommerfesten Schuhen. Die müde Erwachsene in mir lächelt.
Wie wunderbar sie sich verstehen.

«Dann lass die Mütze halt ab und werd krank.»

Ich habe gar keine Mütze auf. Aber Kinder sagen so was
halt. Und ich will heute kindlich sein. Ein wenig zumindest,
bevor es gleich rausgeht in diese lebensfeindliche Spätsom-
meridylle. Grauenhaft. Dabei wollte ich doch schlechtes Wet-
ter und ein Buch lesen. Stattdessen: Sommerwind und arbeiten.

Es wäre zum Kotzen, es müsste zum Kotzen sein, aber das
ist es nicht. Denn die Erwachsene in mir hat ganz insgeheim
heute früh, mit der Zahnbürste noch im Mund, in Boxershorts
und schwarzem Tanktop, einen lebensverändernden Badezim-
merentschluss gefasst. Badezimmerentschlüsse sind immer
die besten, weil man sich dabei selbst im Spiegel ansehen
kann. So, wie man ist. Mit Schaum vorm Mund und zerzausten
Haaren. Wenn da so ein paar Stunden Schlaf noch im Gesicht
liegen und zwei, drei Strähnchen abstehen, als hätte man
gerade noch schnell Sex mit einem so richtig alten Wollpull-
over gehabt. Da muss man sich wirklich nichts schönreden.
Und das ist ja auch mal geil. Weil man schöner ja ohnehin

nicht werden kann als da vor dem Spiegel, so zerzaust und zerschlafen und wunderschön, wie man eben ist in diesen Momenten.

Mattes hat seinen Arm um meine Hüfte geschlungen, als wolle er mich gar nicht mehr gehen lassen. Immer diese Verabschiedungen an der Haustür. Sie werden mir fehlen.

Resolut pflanze ich meine Arme auf seine Schultern. Mein Blick fährt durch seinen Stoppelbart hoch zu seinen Augen.

«Du», sage ich und muss mich konzentrieren, diesen Moment nicht zu lang auszukosten. «Ich werde heute kündigen.»

Mattes stutzt. Perfekt wie beim ersten Mal. Nur dass wir genau diese Nummer hier seit zwei Wochen jeden Morgen durchspielen. Ich bin einfach schlecht darin, diese Dinge spontan zu machen. Ich glaube, ich muss alles neu lernen. Seit zwei Wochen proben wir diesen berühmten, total spontanen Moment, in dem ich beschließen werde zu kündigen. Das fühlt sich erstaunlich gut an. Vor allem, weil wir abends kein Wort darüber verlieren, dass ich nach wie vor einen Job habe. Es ist ja so: Man geht selten direkt vor die Tür und ändert sein Leben. So etwas muss man doch vorbereiten. Zugegeben, ich könnte meine Vorbereitungsenergie auch darauf verwenden, mich nach einem neuen Job umzusehen. Aber ich habe beschlossen, lieber erst einmal das Kündigen hinzubekommen, so wirklich *on point*, damit es auch fetzt und sich richtig anfühlt.

«Wie war das?», frage ich.

«Ziemlich gut», meint Mattes und nickt zufrieden.

«Ich hab's dir völlig abgekauft.»

«Yeah», raune ich. «Dann kann ja nix mehr schiefgehen. Jetzt müsste ich nur noch tatsächlich kündigen.»

«Ach, das ist doch kein Problem mehr. Den wirklich wichtigen Kram, wie zum Beispiel diesen total spontanen Moment, dir das morgens vorm Spiegel zu überlegen, den hast du doch drauf jetzt.»

«Haste recht. Und letztlich habe ich nur ein paar Jahre gebraucht, um zu merken, dass der Job die Hölle ist. Und man sich selbst auch einfach noch eine Chance geben kann, etwas ganz anderes zu tun. Andere brauchen da ihr ganzes Leben für.»

«Die üben aber auch nicht vorm Spiegel.»

«Ich muss jetzt los. Ich hab einen großen Tag vor mir. Kündigen und so.»

Mattes küsst mich amüsiert.

«Warte kurz», flüstert er dann. Tüte trottet verschlafen in den Flur, während Mattes in die Küche hetzt.

«Heute schaff ich das», sage ich zu Tüte. Treudoof wedelt er zustimmend mit dem Schwanz.

Ich höre Mattes in der Küche hantieren. Meine Füße trippeln. Das ist neu. Etwas ist anders heute.

«Ich hab's gleich», höre ich Mattes rufen. «Sekunde noch.»

«Kein Stress. Ich komm einfach zu spät zur Arbeit. Ich meine, was sollen sie machen? Mich rauswerfen?»

Ein kurzer Lachanfall aus der Küche. Dann höre ich ein Glas klirren.

«Das geht auf dich», lacht Mattes. «Du sollst mich nicht zum Lachen bringen, wenn ich was in der Hand hab.»

«Was machst du da eigentlich?»

«Das hier», ruft Mattes und stolziert aus der Küche zurück zu mir. Meine kleine rote Kaffeemaschine in den ausgestreckten Armen.

Gewohnt eloquent antworte ich: «Hä?»

«It's dangerous to go alone», sagt Mattes mit tiefer Stimme. «Take this.»

Dann drückt er mir mein Maschinchen in die verwunderten Arme.

«The Legend of Zelda?», frage ich. «Ernsthaft jetzt? Hättest du nicht irgendein anderes Computerspiel nehmen können, das keine dreitausend Jahre alt ist? Oder gar keins?»

«Nächstes Mal nehme ich was von Harry Potter, versprochen», wiegelt Mattes ab. «Aber ich dachte mir, so für die letzten Arbeitstage wäre es nicht verkehrt, wenn du einen Verbündeten auf der Arbeit hast. Einen, der ausnahmsweise *guten* Kaffee macht.»

«Irgendwann werde ich dich für diesen Unsinn heiraten. Verlass dich drauf», antworte ich und presse ihm einen leider viel zu flüchtigen Kuss auf die Lippen.

«Aber ich muss jetzt», rufe ich, und dann flattern meine Füße die Stufen herunter durch das Treppenhaus, die Kaffeemaschine fest umklammert. Tüte bellt zum Abschied, das Geräusch zwängt sich noch gemeinsam mit mir aus der Haustür, dann ist es still. Die Vorstadtidylle idyllt bedächtig vor sich hin. Überall Abschiedsgeküsste, die dem nächsten Tag entgegenschreiten. Gott, wie ich das liebe, auch wenn ich es nicht dürfte. Es ist so viel friedlicher hier am frühen Morgen, nur eine Seitenstraße weiter von da, wo das Leben tobt. Hier bin ich zu Hause – ich wohne hier nicht nur, das weiß ich jetzt. Gedankenverloren pustet es mich lau das Bermuda3Eck hinauf Richtung Bahnstation. Die zähe Morgendämmerung streift gemeinsam mit mir über das Pflaster. Keiner, der mich schräg ansieht, diese junge Frau mit Kaffeemaschine unter ihrem Arm. Seit ich aus München wieder da bin, mag ich meinen Weg ins Büro, die ruhigen Minuten zwischen diesen beiden Zuständen, zu Hause und auf Arbeit. Ich mag das Streifen, das Schlendern. Durch die kleinen Innenstadtgassen vorbei an dem schüchternen Buchladen, immer weiter aufs Zentrum zu.

Seit ich aus München zurück bin, liegt da kein Schrecken mehr vor mir. Kein *Für immer* mehr. Ich werde immer diesen Job gemacht haben – aber ich muss ihn nicht für immer machen. Ich muss nicht gefangen sein auf diesem Weg. Ich kann etwas verändern. Und allein das Wissen darum, dass keine Entscheidung eine Verpflichtung sein muss, das macht eine Menge aus. Gefühlte Freiheit, wenn man so will. Natürlich *kann* man jederzeit kündigen, technisch gesehen. Aber man *darf* eben auch. Man darf sich selbst fragen, ob das alles das Richtige ist. Und man darf unglücklich sein mit dem, was andere glücklich macht. Man darf eigentlich alles, wenn man erwachsen ist. Auch Konsequenzen tragen. Aber ebenso Kapuzenpullover. Und beschissene Frisuren, by the way. Nur eines, das darf man nicht. Ängstlich sein deswegen. Man darf Angst haben, aber dieses Angsthaben sollte nicht die Entscheidung für einen treffen. Ich werde vieles nicht tun, weil ich Angst habe vor den Konsequenzen, vor den Unsicherheiten. Aber ich bin nicht ängstlich. Das weiß ich seit München. Meine Angst wird nicht mehr *ohne mich* Entscheidungen treffen. Der Büroklotz der Strateria taucht aus dem Häusermeer vor mir auf.

«Guten Tag, Büroklotz», plätschert es durch meinen Verstand, «du siehst heute aber scheiße aus. Kompliment.»

Einhändig streife ich mein Kostüm zurecht, der Rücken biegt sich gerade, und langsam spüre ich das Gewicht der Kaffeemaschine.

«Guten Morgen», flöte ich, als die Fahrstuhltüren aufreißen wie graue Wolken. Heute bin ich auf der anderen Seite, heute bin ich Sonne, habe ich beschlossen. Und ich strahle. Trotz all der Angst, die ich habe, strahle ich. Gut gelaunt marschiere ich auf dem Weg zu meinem Schreibtisch in die Teeküche.

«Morgen», sagt Elka.

«Morgen», flöte ich und setze meine Kaffeemaschine liebevoll auf dem winzigen Beistelltischchen ab.

«Was wird denn das?», fragt Elka.

«Das wird nix. Das ist schon was», antworte ich, «nämlich eine vernünftige Kaffeemaschine. Meine.»

«Aber wir haben schon eine.»

«Ich weiß, dass wir ein Gerät haben, welches alle aus mir unerfindlichen Gründen ‹Kaffeemaschine› nennen. Aber wenn wir mal ehrlich sind, kommt da kein Kaffee raus. Höchstens Tee, der nach Bürgersteig schmeckt.»

Elka schweigt und nippt an ihrem «Kaffee».

«Dahinten ist noch 'ne Steckdose frei», sagt sie dann, und es ist das erste Mal, dass ich in Elkas sonst so klarem Hochdeutsch eine Spur Ruhrgebiet mitschlurfen höre.

«Danke», sage ich und setze direkt einen Kaffee auf. Einen richtigen.

Als die ersten Tropfen verschüchtert in die Glaskanne purzeln, fühle ich mich wohl damit, meinem Schreibtisch einen Besuch abzustatten. Mein Stuhl rollt sanft an seinen Platz, quer über den Raum hinweg werfe ich Tini ein grüßendes Lächeln zu. Sie winkt irritiert zurück, bevor sie unmotiviert ihre Tasche abstellt und sich ebenfalls in ihren Stuhl fallen lässt.

Rechner an.

Aber mein Weg führt nicht zu den allmorgendlichen E-Mails. Der Geruch von Aufbruch und gutem Kaffee tollt in meinem Hirn umher. Die Hand an der Maus zaubert ein frisches, leeres Dokument auf den Bildschirm.

«Bochum, den 25. 9.», tippe ich.

«Betreff: Kündigung.»

Dann trommeln meine Hände unsicher auf der Tastatur herum. Doppelklick. Browser, Google.

Neue Suchanfrage: *Wie schreibt man eigentlich eine Kündigung?* Gott, ich hoffe, dass dieser Suchverlauf irgendwann gefunden wird. Der Gedanke, nicht nur die Formalia einer schriftlichen Kündigung am Arbeitsplatz zu ergoogeln, sondern sie dort auch noch zu schreiben und auszudrucken, dieser Gedanke erfüllt mich mit einer diebischen Freude. Auch wenn ich nicht genau weiß, weshalb. Höchstwahrscheinlich läuft das in 90 Prozent aller Fälle so ab. Es ist ein bisschen, als würde man auf diesem sehr hässlichen Diddl-Briefpapier mit genau der Person Schluss machen, die es einem zum Geburtstag geschenkt hat.

«Entschuldige, Kai», denke ich. «Das war damals nicht cool von mir. Aber ich war auch erst 15 und das Papier wirklich hässlich.»

Dann tippe ich weiter am zweiten Schlussmachbrief, den ich bisher in meinem Leben verfasst habe. Nur dass da statt «Lieber Kai» eben «Sehr geehrte Damen und Herren» steht. Ich hoffe, dass Manegold es besser aufnimmt als Kai damals. Ich würde ihm ungern die Nase brechen. Obwohl – ach, mal sehen. Man soll sich ja Optionen offenhalten.

Zwei Minuten später ist meine Kaffeemaschine bereits zu einer sehr kleinen Sensation geworden. Zumindest für Elka, die schon wieder in der Teeküche steht, als hätte sie heute nichts zu arbeiten. Die Tasse am Mund, winkt sie mir zu. Und es ist, als hätte etwas ihre ewig strenge Haltung durchgeschüttelt wie einen Bettbezug. Ich greife mir eine Tasse aus dem Regal, spüle sie warm und beiläufig aus und schenke mir den ersten Schluck echten Kaffee in diesem Büro ein. Ein kleiner Schuss

Milch hinterher, und ich muss kurz grinsen, als ich an die versteckten Milchkartons unter der Spüle hier denke.

«Der ist echt gut», sagt Elka. «Wirklich, wirklich gut.»

«Ja, ne?», kann ich nur antworten. «Keine Ahnung, liegt vielleicht an der Temperatur. Aber gewöhn dich nicht zu sehr dran.»

Zurück am Schreibtisch, entfaltet sich das Kündigungsschreiben wieder auf dem Bildschirm, und mit der Nase ganz dicht über meinem Kaffee lese ich noch einmal jedes Wort.

Ein wirklich schöner Schlussmachbrief ist das geworden, nicht zu hart und nicht zu sehr um den heißen Brei. Nicht dass sich Manegold noch Hoffnungen macht, wenn er sich nur ändert. Ich sehe mich schon mit meinem weinenden Chef auf meinem Schoß. «Ich kann mich ändern, Frau Liebling. Wirklich.»

«Tut mir leid, Herr Manegold. Es liegt nicht an Ihnen, es liegt an mir. Ich liebe sie nicht mehr. Also, diese Firma, meine ich. Nicht Sie. Gott bewahre, *Sie* nun wirklich nicht.»

Prustend verschlucke ich mich bei dem Gedanken. Wird genau so ablaufen, ganz sicher. Was soll schon schiefgehen? Dann klicke ich auf Drucken. Das Lasergerät surrt, ich fische das Blatt herunter, Namen aufs Papier. Fertig.

Quizfrage: Packt man so eine Kündigung eigentlich in einen Umschlag? Geht die in die Post, oder übergibt man die per Hand? Als Papierflieger? Oder doch lieber als internes Fax?

Ich entscheide mich für den Umschlag, nicht geklebt, keine Herzchen. Man will den Chef ja nicht unnötig in die Irre führen. Ich atme einen tiefen Schluck Kaffee, zur Beruhigung.

Meine Hand greift zum Telefon. Im Job und in der Liebe ist alles erlaubt. Ich lege den Hörer wieder auf. Am Telefon Schluss machen ist scheiße. Also greife ich mein Kündigungsschreiben und erhebe mich feierlich. Ich habe sieben Jahre hier gearbeitet, um endlich nicht mehr hier zu arbeiten. Da darf man nicht zu lange drüber nachdenken, sonst wird einem übel. Ich versuche, mich durch mein eigenes verkrampftes Lächeln aufzumuntern, und quäle mich Schritt für Schritt vorwärts Richtung Manegolds Büro. Auf einmal sehr viele Ablenkungen hier. So viele interessante Dinge an den Wänden. *Ein Kalender? Soso, das ist ja interessant. Und der zeigt also das Datum, sagen Sie? Irre. Muss ich mir mal näher anschauen.* Reiß dich zusammen, Henni. Bisher hat jeder so eine Kündigung überlebt. Was soll schon passieren?

Noch einmal packt mich dennoch die Atemnot. Stoßweise. Der klassische Gedanke vor einer Trennung. Es gab doch auch gute Zeiten. Klar, die meiste Zeit fühlte ich mich eingeengt und zutiefst unglücklich, aber einmal, da hat er mir diesen süßen Stoffbären von der Kirmes geschenkt. Zugegeben, der war hässlich und stank nach Kinderarbeit, aber er hat so süß gefragt: «Willst du den haben? Sonst schmeiß ich ihn weg.» Das war schon romantisch. Irgendwie. Wenn man sich nur anstrengt. Romantik ist halt Teamarbeit.

«Reiß dich zusammen», nörgelt mein Kopf. «Geh da hin, klopf an und mach Schluss.»

Drei letzte Schritte trennen mich von Manegolds Büro.

Einatmen. Pfeif auf Zählen und Ausatmen.

Zwei Schritte vor. Innehalten. Der letzte Schritt ist immer der schwerste, sagen sie.

Meine Hand verknittert das so sorgsam gefaltete Papier in ihr.

Ich klopfe.

«Herein», dröhnt es von innen.

Dann – mache ich den letzten Schritt.

KEINKIND

Und?», fragt Mattes.

«Schokoladeneis», antworte ich ins Telefon. «Es ist dringend.»

Zwanzig Minuten später kriecht die Sonne träge vom Horizont herab, ich sitze an einem kleinen bunten Tisch vor einem Laden namens «I am Love». Der Name ist ungefähr so sperrig wie die zwanzig Europaletten, die jemand achtlos in die Spielstraße gegenüber gekippt hat, aber das Eis ist ziemlich gut. Hinter der Straßenecke kann ich es stolpernd schlurfen hören. Mattes kann, wie es aussieht, nur eine Sache auf einmal. Entweder aufgeregt sein oder gehen, ohne umzufallen. Beides zusammen klappt nicht so richtig. Dann springt Tüte hinter der Ecke hervor, kurz dahinter baumelt Mattes an der Leine, und es ist nicht ganz klar, wer von beiden wen mitgebracht hat. Unser heißgeliebter, aber leider sehr dummer Hund schießt zielsicher an meinem Bein vorbei und verbringt die nächsten Sekunden damit, so zu tun, als wäre das volle Absicht gewesen. Während Tüte also noch dringend einen sehr interessanten Pflasterstein betrachten muss, lässt sich Mattes außer Atem auf den klitzekleinen Stuhl mir gegenüber fallen.

«Und?», fragt er etwas aus der Puste, während sein Arm sich ein paar Schweißperlen von der Stirn wischt.

«Ja, auch schön, dich zu sehen», gebe ich etwas schnippisch zurück. Aber ich muss lächeln dabei.

«In vier Wochen bin ich arbeitslos», verkünde ich stolz.

«Wahnsinn», ruft Mattes. Dann beugt er sich über den

Tisch zu mir herüber und raunt mir ins Ohr: «Hast du eigentlich schon bestellt?»

«Blödmann», kichere ich, während meine Hand auf seine Schulter schlägt. Er nimmt mein Gesicht in beide Hände und küsst mich. Ganz langsam, ganz zärtlich. Kitschig, aber toll.

«Ich bin stolz auf dich», flüstert er. Dann lässt er seinen spindeligen Körper in den Stuhl zurückfallen und vergräbt die rechte Hand in seinen Locken.

«Wie war's denn?»

«Warum das Kündigungs*gespräch* genannt wird, ist mir schleierhaft. Das war eher eine einseitige Angelegenheit. Kündigungsmonolog passt besser», sage ich, während meine Augen in der Karte versinken.

«Ich komm da rein, und dann sitzt der hinter diesem viel zu kleinen Schreibtisch. Bist du eifersüchtig, wenn ich sage, dass ich mir den irgendwie größer vorgestellt habe, den Schreibtisch?»

Mattes lacht.

«Ich meine, ich hätte da ein bisschen mehr Überkompensation erwartet. Na ja. Der sitzt da jedenfalls und sieht aus wie so ein Äffchen auf einem Dreirad. Fehlen echt nur noch die Becken. Vielleicht schenke ich ihm die mal. Egal.»

Kurz hole ich Luft, suche nach dem, was ich eigentlich erzählen will. Ohne Erfolg. «Du musst dir das vorstellen, der Manegold, der hat Arme, als hätten sie ihm einfach zwei Oberschenkel in die Schultern gerammt. Und mit diesen Armen in so einem richtig viel zu engen weißen Hemd sitzt der da – und schwitzt. Schon allein das ‹Hallo› hat mich so viel Überwindung gekostet.»

«Ich kenne ja nur den Trick, mir die Leute in so unangenehmen Gesprächen nackt vorzustellen», erwidert Mattes.

«Hab ich auch versucht», entgegne ich. «Kann ich nicht empfehlen. Ich hab mich gefühlt, als wäre ich Harry Potter, der mal wieder die Welt durch Lord Voldemorts Augen sehen muss, während der nackt vorm Spiegel steht. So in etwa.»

«Au.»

«Genau. Schön war das nicht.»

Wir beide halten einen Moment inne, um die Bilder aus unserem Kopf zu vertreiben. Funktioniert nicht.

«Bestellen?», fragt Mattes.

«Unbedingt», sage ich dankbar. Ein paar Sekunden mehr, ein bisschen noch diesen Moment der Kündigung auskosten, bevor die Frage aller Fragen gestellt wird.

Wir winken der Frau hinter der Eistheke.

«Ganz viel Schokoladeneis bitte», rufe ich.

«Ganz viel – oder ganz, ganz viel?»

Ich werfe einen prüfenden Blick zu Mattes.

«Ganz, ganz viel», antworte ich dann. Sie lacht kurz auf, bevor sie hinter der Theke abtaucht.

«Was hat er denn nun gesagt?», fragt Mattes.

«Nicht viel, tatsächlich. Eigentlich sozusagen gar nichts, wenn ich drüber nachdenke. Er hat eigentlich nur genickt. Aber was soll er schon groß sagen?»

«Stimmt natürlich», meint Mattes. «Und jetzt?»

«Wie, und jetzt?»

«Na ja», fährt Mattes fort, «irgendwas musst du ja jetzt machen. So in Zukunft.»

Da ist sie. Die Frage aller Fragen aller Fragen. Die nicht nur ich selbst mir seit Wochen jeden Tag stelle. Ich weiß es doch nicht. Ist es nicht genug, einen Job zu kündigen, den man *hasst*? Muss es denn direkt weitergehen? Natürlich müsste es das. Aber ich will das nicht. Trotzige Kleinkindgedanken.

«Bleib nicht so arbeitslos», würde meine Mutter vielleicht sagen. «Werd wieder.»

Aber was werden? Was sein?

Die leere Stelle, an der eigentlich eine wohlüberlegte Antwort auf diese Frage stehen müsste, wird gekonnt von zwei heranschwebenden Bechern Schokoladeneis gefüllt. Ich bohre meinen kleinen Löffel in das tiefschwarze Bergmassiv vor mir und stochere einen kleinen Pfad hinein. Mattes schaut mir wortlos dabei zu, die Hände gefaltet auf dem Tisch, das Eis unbeachtet neben ihm.

«Dein Eis wird kalt», sage ich nach einer Weile. Mattes lacht nicht. Meine Augen gleiten die Hänge herab und suchen nach Schokoladengletscherspalten, die mein Löffel ausbessern könnte, damit es für meine imaginären Bergsteiger nicht allzu gefährlich wird.

«Also», setze ich an, «ich weiß noch nicht so wirklich. Es ging mir erst mal darum zu kündigen. Das war so ein dominantes Thema im Kopf. Ich musste erst einmal klarkriegen, was ich *nicht* machen will. Verstehst du?»

«Verstehe», sagt Mattes, fast enttäuscht, während er seinen Löffel wie einen Spaten in sein Eis rammt.

Etwas regt sich in mir. Etwas Warmes, ein kleines Töpfchen Wasser, welches man zur falschen Zeit auf den Herd gestellt hat. Vorsorglich pflanze ich den Eislöffel wie ein Gipfelkreuz auf der obersten Kugel. Ich will ihn nicht zerbrechen.

«Ich weiß doch», sage ich dann und überrasche mich selbst, als meine Schultern sinken und die Wut verschämt herunterkocht. Ich habe keinen Grund, jetzt wütend zu sein. Die Frage ist zwar beängstigend, aber eben leider legitim. Auch wenn ich sie vielleicht nicht hören will. Oder gar beantworten. Aber Mattes schafft es, im Gegensatz zu den meisten anderen

Menschen, die ich kenne, Fragen zu stellen, deren Antworten ihn tatsächlich interessieren.

«Meinst du, ich kann überhaupt irgendwas? Also, außer seltsam sein?»

«Absolut.»

Sein warmes Kopfnicken weht zu mir herüber und treibt mir ein wenig Farbe in den entsättigten Kopf.

Die Stille berührt mich. Ich will, dass er etwas sagt. Aber er sagt natürlich nichts.

«Du hast da etwas Eis», sage ich zur Ablenkung und ramme meinen Löffel dreist in Mattes' Becher. Eine kleine Schrecksekunde schaut er empört. Dann geht sein Löffel dazwischen, und ein kleiner Schwertkampf entflammt vor dramatischer Kulisse an den Hängen seines Schokoladenmassivs. Immer wieder steche ich waghalsig zu, aber seine Paraden sind ausdauernd und präzise.

«Wohlan, ihr führt eine kühne Klinge, Mylady», ruft er. «Aber mal ernsthaft, wie soll das denn jetzt weitergehen, Henni?»

Unerwartet heftig rammt er seinen Löffel in meinen Eisberg und sieht mich herausfordernd an.

«Ich dachte, ich mache zuallererst mal eine Weltreise. Dann werde ich Yoga-Lehrerin. Oder Vorstandsvorsitzende von irgendwas. Das würde meiner Cousine Melanie bestimmt gefallen», lache ich. Aber Mattes erwidert nichts. Immer noch ruhen seine Augen auf mir, die Hände offen und ratlos.

«Hab ich was Falsches gesagt?», frage ich.

«Du hast gar nichts gesagt. Und so langsam hab ich ein bisschen den Kaffee auf. Von was willst du denn Miete zahlen? Von unseren legendären Ersparnissen? Ich weiß nicht, ob du es schon mitbekommen hast, aber du bist nicht alleine auf dieser

Welt. Wir sind doch ein Team. Jetzt nicht nur emotional. Auch finanziell. So unromantisch das ist. «

«Das weiß ich», antworte ich trotzig und vergrabe meinen Löffel in einer Eiskugel.

«Dann verhalt dich doch auch mal so. Ich habe dir eine Frage gestellt, und da brauchen wir eine Antwort drauf.»

«Aber ich habe keine», sage ich. «Noch nicht. Nur so eine halbe. Was ich eben nicht machen möchte. Und das ist weiter in diesem Saftladen verwesen, um meine Existenz zu sichern.»

«Meine Fresse, Henni», stöhnt Mattes. «Es reicht doch nicht, nur zu etwas ‹Nein› zu sagen. Das kannst du machen, wenn du zwölf bist. Aber du bist nicht mehr zwölf. Also übernimm mal ein bisschen Verantwortung.»

«Verantwortung liegt mir nicht», rotze ich heraus.

«Vielleicht bist du *doch* zwölf», resigniert Mattes, und sein rechter Arm fegt frustriert durch die Luft. «Meine Güte. Hast du echt so große Angst davor, erwachsen zu sein?»

«Ja. Natürlich.»

Es ist aus mir herausgeplatzt, ohne dass ich darüber nachdenken konnte. Natürlich habe ich Angst davor. Wer hat das nicht? Mattes' Gesicht scheint eingefroren.

«Aber warum?»

Ich zögere. Erste kleine Schokoladenströme fließen von meinen Eiskugeln traurig auf den Becherboden zu.

«Na ja», sage ich zögerlich, «ich mag mich so. Ich dachte, du auch. So mit Löffelkämpfen und Blödsein und komischen Haaren und Kapuzenpulli statt Kostüm.»

«Ja und? Das hat doch nichts mit erwachsen sein zu tun.»

«Ja, eben», sage ich.

«Ich meine», setzt Mattes nach, «das hat auch nichts mit nicht erwachsen sein zu tun. Ist *das* ernsthaft dein Problem?

Du kannst doch albern sein, wie du willst, und trotzdem Miete zahlen. Du kannst doch Konzerne leiten und trotzdem ‹I'm a Barbie-Girl› im Radio komplett mitsingen können. Das eine hat doch mit dem anderen nichts zu tun.»

«Ja, aber ...»

«Ja nichts ‹Ja, aber›. Ist so. Du kannst dir doch die Haare pink färben und trotzdem dein Kind jeden Tag pünktlich vom Kindergarten abholen. Wo ist denn da der Widerspruch? Du kannst doch auch Pokémon Go spielen und gleichzeitig Bundeskanzlerin sein. Man hört doch nicht auf, man selbst zu sein, nur weil man sein Leben im Griff hat. Was für eine spießige Einstellung ist das denn bitte?»

«Ich bin nicht spießig», fauche ich. Auch wenn ich gerade nicht wirklich überzeugt davon bin. Könnte das sein, dass eigentlich *ich* die Spießerin bin und nicht der ganze Rest der Welt? Beängstigender Gedanke. Also bloß nicht weiterdenken. Ich bin nicht spießig. Das wird Mattes auch so sehen.

«Natürlich bist du spießig», erwidert Mattes also prompt. Den ich ja manchmal hassen könnte. Ein bisschen. Wenn er nicht so recht hätte. Irgendwo. Ein bisschen.

Schmollend schiebe ich die Unterlippe vor, zu müde, um noch darauf herumzukauen.

«Ich habe das Gefühl, dass du dafür, dass du das nun schon eine ganze Weile versuchst mit dem Erwachsenwerden, dass du dafür erstaunlich wenig Ahnung hast, was das eigentlich für dich bedeutet. Irgendwas mit vernünftigen Frisuren und vernünftig Anziehen und Sichlangweilen im Job, wenn ich das richtig verstanden habe. Was ja mal eine wirklich zweitklassige Definition von ‹erwachsen› ist. Und ich meine wirklich: zweite Klasse. Allerhöchstens dritte. Auf jeden Fall Grundschule.»

Immerhin hat meine Liebe für doofe Wortspiele ein bisschen abgefärbt auf Mattes, seit wir zusammen sind. Einen Komplizen zu haben macht selbst die unangenehmsten Gespräche einfacher.

«Bin ich wirklich so schlimm?», frage ich, nachdem wir uns ein paar Löffel lang angeschwiegen haben. Mein einstiger Eisberg ist zu einem klebrigen Klumpen See verkommen. Wie auch immer das geht. Aber Schokoladeneis widersetzt sich eindeutigen Aggregatzuständen. Ein bisschen so wie ich.

«Du wirkst halt echt wie ein Kind manchmal. Du hast so eine Angst, nirgendwo zu passen, dass du immer Ausreden suchst, warum du bist, wie du bist. Ich hab das Gefühl, dir *passieren* immer nur Dinge, statt dass du sie *tust*. Weißt du, was ich meine? Nimm mal deine Haare, zum Beispiel. Das war ein Unfall.»

«Das war meine Nichte», schieße ich empört dazwischen.

«Genau. Jedenfalls hast du seither konsequent deine Frisur als etwas begriffen, was dir *passiert* ist. Nicht deine Schuld. Und du hast aber auch nichts daran geändert.»

«Na, weil ich die mag, irgendwie, so ein bisschen verrückt.»

«Ich auch, aber das ist nicht der Punkt», meint Mattes. «Das war immer nur die Frisur, die dir deine Nicht verpasst hat. Da war immer eine Ausrede. Statt einfach zu sagen: Ja. Das ist jetzt meine Frisur, und ich würde sie mir jedes Mal wieder so machen lassen. Verstehst du? Das ist nie *deine* Frisur geworden, sondern ist eine geblieben, die dir *passiert* ist. Aber du hast dich nie dazu *entschieden*, dass das jetzt *deine Frisur* ist. Du hast sie nur nie geändert.»

«Das ist doch dasselbe.»

«Nein, überhaupt nicht. Es geht um Entscheidungen. Genau wie mit deinen blöden Kapuzenpullovern. Die ich natürlich sehr liebe», setzt er nach. «Du hast nur einfach *nie aufgehört*,

Kapuzenpullover zu tragen. Statt dich bewusst zu entscheiden und vor allem dahinterzustehen, dass das eben dein Style ist. Auch wenn andere das für unangebracht halten. Verstehst du den Unterschied?»

Kurz muss ich ausatmen. Minimale Pause schaffen.

«Jahaa», knurre ich dann kleinlaut. «Aber Kapuzenpullis sind so arschbequem.»

«Herrgott», jault Mattes sichtlich gequält. «Das ist doch auch nicht der Punkt. Beim Erwachsensein geht's doch nicht um Steuern oder Autos oder Anzüge – sondern darum, im Gegensatz zu Kleinkindern bewusst jemand zu sein. Zu sagen: ‹Ich mache das eben so›, statt: ‹Ich habe nichts anderes anzuziehen.› Weil wir beide wissen, dass in deinem Schrank genügend verstaubte Kostümchen hängen, auf die du einfach keinen Bock hast.»

«Ich warte nur auf die passende Gelegenheit, die wegzuschmeißen», bäume ich mich ein letztes Mal auf. Bevor ich merke, dass da was dran ist. Mein Eis ist inzwischen melodramatisch geschmolzen. Wie passend, denke ich. Ich mag Mattes gar nicht ins Gesicht schauen.

«Findest du mich eigentlich sehr schlimm?», frage ich also stattdessen meinen Eisbecher.

«Nein», sagt Mattes schlicht, «nur ein bisschen kindisch, seit du versuchst, erwachsen zu sein.»

«Hm.»

Meine Hände haben sich um den Eisbecher geschlossen, und in kreisenden Bewegungen lasse ich die Masse darin herumschwappen, als wolle ich daraus meine Zukunft lesen. Ich und kindisch. Warte mal ab! Fest umklammert starre ich noch immer auf geschmolzenes Eis, als gäbe es darin etwas zu entdecken. Dann führe ich den Becher langsam zum Mund, wie eine Tasse Milchkaffee, nur eben für Kinder. Und in einem einzigen langen Zug trinke ich diesen ganzen blöden Becher leer. Zumindest versuche ich das. Auf der Hälfte überkommt mich der Drang, vielleicht doch mal zu schlucken, und so huste ich würdevoll vor mich hin, während sich ein paar Tropfen in meinen Mundwinkeln festklammern. Dann knalle ich den Becher stolz auf den Tisch, nicke mit dem Kopf, stehe auf und küsse meinen wunderbar schlauen Mann zum Abschied.

«Was hast du vor?», fragt er.

«Zum Friseur gehen», sage ich und kraule Tüte zum Abschied flüchtig den Nacken. «Meinen Kopf zurückerobern.»

SPÄTLESE

Vielleicht war es nicht die beste Idee, der Friseurin zu sagen, sie solle sich nicht von Konventionen aufhalten lassen.

Mein neues Spiegelbild schreitet neben mir die Schaufenster entlang, und es wird ein wenig dauern, mich daran zu gewöhnen, dass ich nur noch auf einer Seite meines Kopfes Haare habe. Aber ich mag es. Diese kurzrasierte rechte Schläfe und wie die lange linke Hälfte so glatt an mir herunterfließt. Es ist ein bisschen Punk, aber eben auch ein bisschen Sparkasse. Punkkauffrau sozusagen. Genau mein Ding, denn da gegenüber, in den Schaufenstern, läuft das Spiegelbild einer nicht mehr ganz so jungen Frau, und dieser nicht mehr ganz so jungen Frau ist im Frisierstuhl etwas sehr grundlegendes klargeworden. Dass sie das ist, der sie da im Spiegel ins Gesicht schaut, und dass es keine Ausreden braucht, um zu sein, wer man ist.

Ich winke mir zu, in den Fensterscheiben der Geschäfte, als müsste ich ganz sichergehen, dass wirklich ich das bin, die da neben mir geht. Und ich bin es. Tatsächlich. Da gibt es keinerlei Zweifel. Zum ersten Mal seit langem fühlt es sich nicht an, als würde ich mich gegen etwas stemmen, als würde ich kämpfen müssen. Die Erkenntnis ist mir nicht neu, aber es gibt eben einen Unterschied zwischen Wissen und Verinnerlichen. Und vielleicht bin ich gerade auf dem Weg dahin, das *wirklich* zu verinnerlichen. Das Gespräch mit Mattes, das so kurz an einem Streit vorbeigeschrabbt ist, sitzt mir noch in den Knochen. Das merke ich an meinem Gang, der mir nicht ganz so leicht über die Füße geht, wie ich das gerne will, aber vielleicht ist das auch etwas Gutes. Ich habe Veränderung immer als etwas begriffen, das schnell geht, und vielleicht liege ich da falsch. Weshalb es vielleicht eben nie geklappt hat. Ich war immer schnell von Begriff, aber verändert hat sich dadurch selten etwas. Wahrscheinlich reicht es einfach nicht, etwas zu wissen.

Mein Spiegelbild weht langsamer die Fassaden entlang, und irgendwann bleiben wir stehen, sie und ich. Ein letzter Sonnenrest kriecht durch die Fußgängerzone, und mein Gesicht kann gerade noch ein paar Sekunden davon auf seiner Haut spüren. Ich atme tief ein. Die Luft schmeckt nach neuen Gedanken. Ich habe gekündigt, etwas verstanden und mir die Haare geschnitten. Das ist jetzt *meine* Frisur, auch wenn sie ein Fehler sein mag. *Ich* habe gekündigt, auch wenn das ein Fehler sein mag. Aber es ist befreiend zu wissen, dass es meine Fehler sind, ganz allein meine, die ich mich zu machen entschieden habe. Wohin also nun? Meine Beine und mein Kopf sind gleichermaßen ratlos.

Heute früh dachte ich noch, zu kündigen, das sei ein Ziel. Aber was kommt jetzt? Ich habe nie darüber nachgedacht, mit was ich meine Arbeitszeit verbringen könnte, wenn ich einmal nicht mehr acht Stunden am Tag meiner Seele am Schreibtisch beim Verwesen zusehen muss. So weit sind meine Gedanken irgendwie nie gekommen. Das war immer *später*.

«*Später* ist wohl ungefähr jetzt», denke ich. Wie das immer so kommt, wenn man all das Leben in dieses Später-Schließfach schiebt, damit es darin sicher ist. Damit all das Schöne, die ganze Selbstverwirklichung, sicher verwahrt liegt, bis man endlich einmal Zeit dafür findet. Jetzt habe ich den Schlüssel dafür in der Hand, und es ist Zeit, das Schließfach endlich mal wieder aufzuschließen, aber ich wüsste nicht, für was. Achtunddreißig Jahre gesammeltes *später* in der Hand und keine Ahnung, was ich nun damit anfangen soll.

Aber ich weiß, wer es wissen könnte. In Case of Emergency: Buchladen!

Verunsichert setzen wir uns in Bewegung, mein Spiegelbild und ich, in Richtung dieses Buchladens, der seit sieben Jahren, seit meinem ersten Arbeitstag, auf meinem Weg ins Büro geduldig auf mich zu warten scheint. Ein kleines Seitenstraßenfenster und diese große Glastür, in grünes Holz hineingegossen. Darüber ein geradezu verschüchtertes Schild: «Lesen und lesen lassen». Seit Jahren sitzt er da und wartet auf mich, und jede Woche hatte ich viel zu wenig Zeit und zu viel Platz im Später-Fach, um ihn tatsächlich zu besuchen. Ich kämpfe mich durch Passanten und über Pflastersteine, und auf den Schritten dorthin stürzt mein Kopf ein ums andere Mal in diese traurige Leere. Zu lang geschwommen, und am Strand nur Nichts und dahinter wieder Meer. Es geht nicht ums Ankommen. Ankommen ist nur eine Station vor dem nächsten Unterwegssein. Und ich weiß bei Gott nicht wohin, denke ich, als mein Telefon Alex' Nummer wählt.

Es klingelt. Keine Ahnung, was ich Alex eigentlich erzählen will. Ich glaube, ich will das mit der Kündigung nicht am Telefon rausposaunen. Das ist doch nichts, worauf man stolz ist. Oder? Ich meine, ich kann ja nicht jeden Tag kündigen, nur um das Gefühl zu haben, dass sich was verändert. Auch wenn das ganz schön innovativ wäre.

Nur noch *nicht mehr* zu machen, was einen unglücklich macht, ist ein geiler Gedanke, aber das ist, wie sich jeden Tag in jemand anderen zu verlieben. Und das stelle ich mir auf Dauer unbefriedigend vor. Man muss sich doch auch mal langweilen vor lauter Glück. Nebeneinander auf dem Sofa liegen und sich freuen, wenn der Tatort endlich vorbei ist und man gemeinsam darüber lästern kann. Das geht nicht frisch verliebt. Ich will, dass es ernst wird mit mir und dem Leben. Was Festes.

«Hey, Henni», schnarrt mir Alex unvermittelt ins Ohr.

«Ach, gehste doch ran?», pruste ich ins Telefon. «Ich dachte schon, du wärst tot oder so was.»

«Schlimmer», meint Alex. «Arbeiten.»

«Du solltest dringend damit aufhören», lache ich.

«Aber es macht Spaß», kontert Alex.

«Oh, richtig», sage ich. «So was soll's ja auch geben.»

«Ein Job, der einem Spaß macht, ist wie ein Sechser im Lotto. Nur eben ohne das viele Geld», grinst Alex breit durch die Leitung.

«Könnte ich jetzt auch gut gebrauchen», sage ich.

«Du *spielst* doch nicht mal Lotto, Henni.»

«Haste recht. Vielleicht sollte ich damit anfangen.»

«Es würde deine Gewinnchancen definitiv steigern», meint Alex. «Man muss es ja erst mal versuchen, bevor es klappen kann.»

«Da sagste was», sage ich gedankenverloren, während mir auffällt, dass meine Füße schon seit einer ganzen Zeit in Bewegung sind. «Du, weshalb ich eigentlich anrufe – hab ich vergessen.»

Alex lacht herzhaft.

«Aber wo ich dich schon mal dranhabe. Samstag?»

«Spieleabend?», fragt er zurück.

«Gerne», sage ich. «Vielleicht spielen wir ja mal Lotto statt Monopoly.»

«Oder *irgendwas* statt Monopoly», kichert er. «Ich freu mich drauf.»

Dann lege ich auf, während meine Füße über eine Türschwelle stolpern.

Erst mal versuchen, bevor es klappt, denke ich. Eigentlich kein schlechter Ansatz.

«Kann ich Ihnen helfen?», reißt mich eine junge Stimme aus den Gedanken. Anscheinend habe ich es bis in den Buchladen geschafft. Irgendwann muss ich mal rausfinden, wie meine Füße das machen. Den Weg zu finden, ohne dass mein Kopf an Bord ist. Das wäre ein praktischer Trick für den Rest des Lebens.

«Ich suche was über Arbeit», sage ich unvermittelt. «Also, wie man sie kriegt.»

«Ah ja», sagt die junge Frau gedehnt, fährt sich kurz mit ihrer Zunge über die Lippen und nickt mich tiefer in den Laden hinein. «Da drüben steht ganz viel motivierender Unsinn. Hier allerdings ...»

Sie macht eine Pause und bleibt vor einem kleinen Seitengang stehen. «Nein. Warten Sie.»

Unvermittelt macht sie kehrt und verschwindet zwei Meter weiter links hinter einem Regal. Etwas ratlos, ob ich ihr folgen oder lieber jemand anderen fragen sollte, verharre ich ein paar Sekunden auf der Stelle. Dann schiebt sich ihr Gesicht hinter dem Regal hervor. Ihre Hand winkt mich aufgeregt näher.

«Kommen Sie», ruft sie, um gleich wieder zu verschwinden. Unsicher taste ich mich in Richtung des Regals. Meine Füße schmiegen sich über den festen Teppichboden, es riecht nach Staub und Papier. Aus den Buchrücken strahlt mir jede einzelne Farbe des Universums entgegen. Faszinierend, wie viele Variationen von Türkis es doch gibt. Und die Regale halten sie fest umschlungen in ihrem Ton aus hellem Holz. Ich habe mal so gewohnt, erinnere ich mich, in Holz und Buchrückenfarben.

Lange her. Vielleicht sollte ich mir Möbel aus Büchern bauen, das wäre mal eine Maßnahme gegen dieses drückende Weiß in unserer Wohnung. Und so ein Sessel aus Büchern – das wäre tatsächlich ein Möbelstück mit Geschichte. Also, mindestens einer. Wenn man nicht nur Sachbücher nimmt.

Vorsichtig luge ich um die Ecke, hinter der die Verkäuferin verschwunden ist. Eine Hand ins lange blonde Haar vergraben, steht sie ein Regal weiter, die andere Hand die Bücher entlangzählend, ihr Mund murmelt stumm vor sich hin. Ich trete neben sie und werfe meinen Blick neben ihren ins Regal.

«AHA», ruft die Buchhändlerin unvermittelt. Ich zucke zusammen.

«Ich kann Ihnen NICHTS empfehlen.»

«Das ist wenig.»

«Das ist richtig», sagt sie. «Aber die hier», und dabei wandert ihre Hand über eine Hälfte des Regals, «irgendwo wird da etwas für Sie sein. Aber für einen ganz konkreten Tipp – da müsste ich Sie besser kennen. Ich würde Ihnen raten, sich da einfach ein bisschen durchzuwühlen. Wenn Sie mögen. Die Leseecke ist gleich, na ja, um die Ecke.»

Dann grinst sie mich breit an.

«Schmökern Sie erst mal eine Runde, bevor Sie irgendetwas mitnehmen. Und wenn Sie Fragen haben, ich geistere hier irgendwo rum.»

«Wie sympathisch», sage ich und grinse zurück. «Ganz anders als in der Drogerie.»

Lachend löst sich die junge Verkäuferin vom Regal und dann scheinbar in Luft auf. Ich stehe alleine vor der Auslage, greife wahllos drei Bücher, deren Farben mich charmant um ein Date in der Leseecke bitten. Einfachste Entscheidung des Tages, denke ich mir, und entscheide mich für einen wind-

schiefen rotbraunen Sessel. Ich versinke zuerst in den butter-
weichen Polstern, dann in einem Buch über selbständige
Arbeit und sehne mich nach einem Hund zu meinen Füßen
und einer Tasse Kaffee. Ich lese mich friedlich, lese von all den
Möglichkeiten, die es geben kann. Optionen beruhigen mich.

Seite um Seite redet mir das erste Buch ins schlechte Gewissen, dass es für eine Zeit wirklich okay zu sein scheint,
nicht zu wissen, wohin man will. Auch wenn man erwachsen
ist, beschließe ich einfach mal. Eigene Regeln. Man muss es
sich ja nicht zu schwermachen.

Leichtfingrig lasse ich die Seiten unter mir hinwegrau-
schen, nehme hie und da zwei Sätze auf einmal, als würde
ich ein Treppenhaus herunterstürmen. Es liest sich so widerstandslos hier in diesem Sessel, und es ist nicht das Buch, es
ist mein Wohnzimmer an einem fremden Ort, das die Leserei
wie Atmen sein lässt. Vielleicht ist es auch diese Freiheit, die
langsam meinen Kopf befällt, von diesem Job, den ich nicht
mehr lange machen muss, von dem Verstellen und dem Irr-
glauben, ich könne nicht *ich* und *gleichzeitig erwachsen* sein.
Was sich gut anfühlt, ungewohnt und als wäre das ein großes
Geheimnis. Aber das ist es nicht, jeder hat das wohl begriffen,
nur ich, ich habe in dieser Stunde anscheinend gefehlt, als das
in der Schule des Lebens drankam. Wahrscheinlich weil ich
rauchend auf dem Schulhof stand und beschäftigt war damit,
ganz besonders hart zu rebellieren. Hätte mir doch mal jemand
sagen können, dass das prüfungsrelevant ist.

*Man darf man selber sein – und trotzdem ernst genommen
werden. Auch wenn man verrückt ist.* Warum gibt es da keine
Diddl-Karten von? Wäre doch großartig. Oder diese wider-
lichen *Liebe ist ...*-Comics mit den zwei nackten Kleinkindern
als Ehepaar, die zwar keine Geschlechtsteile, dafür aber ein-

drucksvolle Rollenklischees am Start haben. Ganz schön gruselig, wenn man mal genauer darüber nachdenkt. *Erwachsen ist, wenn Menschen mit Genitalien auf Rollenbilder scheißen, so sie Bock drauf haben.* Würde ich mir sofort als Postkarte an meinen Kühlschrank hängen.

Warum gibt es diese *Liebe ist ...*-Cartoons eigentlich immer nur mit Mann und Frau?, frage ich mich. Warum nicht mal Mann und Mann, Frau und Frau und die ganzen Geschlechter dazwischen? Ist doch mal Zeit. Eine Frage ist es durchaus wert.

Eine andere Frage, die auch dringend gestellt werden müsste, ist die, ob ich hier vielleicht einziehen könnte in diesen Buchladen. Und wie ich das Mattes erklären sollte. Ich sinke etwas tiefer in den Sessel und schaue hoch von meinem Buch, in dem ich seit ein paar Minuten ohnehin nicht mehr lese, weil die Gedanken abgedriftet sind in andere Gefilde, weg von Selbständigkeit hin zu den wichtigen Fragen, ob sich mein Wohnzimmer wohl in einen Buchladen verwandeln ließe. Dafür bräuchte ich mehr Bücher. Woran es nicht scheitern soll. Ich bin eine Frau Ende dreißig, die paar hundert Bücher werde ich mir ja wohl leisten können.

Schwer atme ich aus. Geld. Richtig. Da war ja was.

Das dreht mir etwas die Sättigung aus meinen Träumereien. Tausend Euro für Bücher – knapp nicht drin. Dass Geld nicht alles ist im Leben, habe ich früher gerne gesagt. Aber da hatte ich auch noch welches. Generell habe ich früher immer gerne große Reden geschwungen, über Dinge, von denen ich keine Ahnung hatte. Vielleicht ist das so, wenn man jung ist und Geld hat. Da weiß man gerne, dass Geld «echt nicht so wichtig» ist. Und dann wird man älter, und einem fällt auf, dass es Dinge gibt wie Rentenversicherung und Steuern und wirklich gute Gewürze. Und natürlich Bücher. Geld ist nicht alles im Leben, das stimmt schon. Aber Leben ohne Geld ist so ein bisschen die kostenfreie Demoversion. Überall nervige Werbebanner und die wirklich wichtigen Funktionen gibt's nur in der Vollversion. Natürlich *kann* man jeden Tag Nudeln mit Ketchup essen. Aber will man das? Es ist doch immer ein Handel. Lebensqualität wird mit Zeit bezahlt. Wie beim Saufen. Vier Stunden Rausch gegen einen verkaterten Samstag, an dem man nur rumliegt und sich scheiße fühlt. Kann man machen. Ob es das wert ist, muss jeder für sich entscheiden. Aber es ist eben Lebenszeit, die man anders nutzen könnte. Und genau so ist es doch auch mit Arbeit und Geld.

Der Gedanke, diese ganze Sache mit der Arbeit nicht als Verpflichtung zu sehen, sondern als Investition, lässt mich innehalten. Meine Zähne hüpfen dabei über meine Unterlippe, und ich lasse das Buch sinken. Mein Blick wandert umher, betastet die wenigen Menschen hier, die sich ebenso wie ich entschieden haben, ein paar Minuten ihrer Lebenszeit in diese Leseecke zu investieren. Die sich entschieden haben, hier zu sein und nicht irgendwo anders. Ich muss an Frau Marienthal denken und daran, dass wirklich *alles* für immer ist. Und wenn das so ist – kann man sein Leben dann eigentlich verschwenden?

Behutsam klappe ich das Buch zu und lasse es auf das Tischchen neben mir wandern. Mir gegenüber ist ein junger Mann verzweifelt in zwei Bücher verbissen. Beide liegen in seinen Händen, und es scheint fast so, als versuche er, sie gegeneinander aufzuwiegen. Auch seine Zähne tanzen angespannt die Unterlippe entlang, nagen fragend darauf umher. Die Augen halb geschlossen, springt sein Blick von Klappentext zu Klappentext und wieder zurück, ohne auch nur eines der Bücher aufzuschlagen. Nach einer Weile schüttelt er frustriert den Kopf, und ich bin neugierig, welche Wahl ihm da solche Probleme bereiten könnte.

Ich würde ihm gerne sagen: «Nehmen Sie einfach beide.» Was ja keine wirkliche Lösung ist. Aber vielleicht ist auch nicht jedes Problem dafür da, gelöst zu werden. Manchmal sind Probleme auch einfach nur Fehler in frustrierender Verpackung. Wenn man nicht so viel Angst davor hätte, könnte man sie einfach aufreißen und schauen, was es zu lernen gibt. Das ist vielleicht naiv, aber es spart Zeit und Frust. Ich fasse mir ein übermütiges Herz und stehe auf.

«Unentschlossen?», frage ich ihn, während ich meine Bücher greife und beiläufig herüberschlendere. «Kenn ich», setze ich hinterher, ohne eine Antwort abzuwarten. Sinnlos sortiere ich die Bücher in meinen Händen.

«Ja», antwortet er resigniert, und diese eine Silbe scheint die ganze Luft aus seinem Körper zu saugen. Seine Schultern sinken. Aus der Nähe scheint er jünger als von meinem Sessel aus, kaum zwanzig, und die blonden Strubbel ragen ihm fein unter die randlose Brille.

«Müssen Sie sich denn entscheiden?», frage ich weiter. «Oder geht die Welt unter, wenn Sie beide mitnehmen?»

«Es ist für meine Freundin», sagt der junge Mann. «Man schenkt doch nicht zwei Bücher. Wie sieht denn das aus?»

«Als hätten Sie sich nicht entscheiden können, da haben Sie recht. Geht natürlich nicht, so etwas. Hinterher denkt die Frau noch, Sie *mögen* Bücher.»

«Ich *möchte* ihr aber *eins* schenken. *Das* Buch, verstehen Sie? Ist doch viel stärker, eine schwierige Wahl zu treffen, als zu sagen: Hier, die sind beide gut. Konnte mich nicht entscheiden. Sich festzulegen ist doch die halbe Miete bei einem guten Geschenk.»

«Hm», sage ich. «Ob Sie es glauben oder nicht, aber das Gespräch hier fügt sich nahtlos in die Thematik meines Tages ein, und langsam wird das unheimlich.»

«Da müssen Sie ja einen furchtbaren Tag haben.»

«Es geht, ich habe gekündigt und mich mit meinem Freund gestritten. Was beides eigentlich sehr positiv ist. Auch wenn es anders klingt», setze ich nach kurzem Zögern hinzu.

«SIE streiten sich noch mit Ihrem FREUND? Sind Sie nicht steinalt oder so was? Sie sind doch mindestens schon dreißig», sagt er und lächelt mich schelmisch von unten an.

«37», sage ich bestimmt und fast ein bisschen stolz. «Aber was haben Sie denn da?», lenke ich das Thema wieder in neutralere Gefilde.

«Bücher», antwortet er und faltet seine Hände fast verschämt über die Buchrücken. «*Malte Laurids Brigge* und die *Weise von Liebe und Tod*.»

«Rilke», sage ich fast überrascht. «Dann auf jeden Fall *Malte Laurids Brigge*. Das ist bei mir zehn Jahre her, und ich kann Ihnen immer noch meine Lieblingsstelle Wort für Wort runterbeten. Und dabei geht es nur darum, dass es regnet. Beklemmend, aber großartig. Kann man nichts falsch mit machen. Und die *Weise von Liebe und Tod* ist mir irgendwie zu weit weg. Da hab ich nichts von behalten. Ich könnte Ihnen gerade nicht einmal sagen, worum es eigentlich geht. Irgendwas mit Liebe und Tod, vermutlich.»

Der junge Mann nickt verhalten, und ich werfe meinen Blick wieder zurück auf die Bücher in meinem Arm. Ich will die alle nicht kaufen. Ich will sie nicht einmal lesen.

«Wo stand denn der Rilke?», frage ich. «Ich glaube, ich will mir den auch noch mal mitnehmen. Mein Exemplar ist bei irgendwem gestrandet, und ich weiß nicht, bei wem.»

«Dahinten», sagt er und deutet zwischen zwei Regal-schluchten. «Danke. Für die Entscheidungshilfe.»

«Da nicht für. Ich hoffe, es gefällt Ihrer Freundin.»

«Wenn Sie zehn Jahre jünger wären – würd ich es fast Ihnen schenken.»

«Zum Glück bin ich das nicht», lache ich und verschwinde zwischen den Regalen. Denn vor zehn Jahren hätte mich ein Tag wie heute an den Rand der Verzweiflung gebracht.

SO RICHTIG FALSCH

Es ist Samstagabend, wir haben diese Woche den letzten Sommertag verabschiedet. Drei Wochen noch, bis ich arbeitslos bin. Ich könnte kaum glücklicher sein. Obwohl. Noch glücklicher wäre ich, wenn Brit das endlich mal mit dem Würfeln hinbekäme. Seit gefühlt zwanzig Minuten versucht sie vergeblich, Würfel immer noch in der Hand, die Geschehnisse ihres Freitagabends zu rekonstruieren. Und lässt uns verbal daran teilhaben. Tüte hat alles richtig gemacht und ist konsequent eingeschlafen. Mattes schaut ihm neidisch dabei zu.

Alex hingegen hat sich zurückgelehnt, zwirbelt in seinem akkurat gestutzten Holzfällerbart und lässt sich von Dingen überraschen, die er gestern erst erlebt hat. Eigentlich ist das kein Holzfällerbart, was er da trägt. Dafür ist er einfach zu wenig Holzfäller, in so ziemlich jeder Hinsicht. Man sollte das mit den Bärten machen wie mit Wiener Schnitzeln. Nicht jedes panierte Stück Fleisch darf sich so nennen. Das meiste ist dann doch nur ein Schnitzel Wiener Art.

Und dieser Bart hier, der ist dementsprechend eher nach *Art* eines Holzfällers und nicht so wirklich Holzfäller. Denn Bäume in Fotos wegretuschieren ist etwas anderes, als sie zu fällen.

Brit redet immer noch. Immer noch versucht sie sich zu erinnern, welcher Cocktail ihr gestern endgültig die Lampe ausgepustet hat, und wenn ich ehrlich sein soll, interessiert mich das eher mäßig. Ich finde es tatsächlich aufregender, wenn Brettspiele die Grenzen ansonsten gestandener Persönlichkeiten bis ans Ende ausloten, als jeden Freitag eine Kneipe zu besuchen mit dem festen Vorsatz zu vergessen, dass ich überhaupt hingegangen bin. Man nenne mich engstirnig, aber Spaß gewinnt eine ganz neue Qualität, wenn man sich auch daran erinnern kann.

Ich halte inne. Brit palavert sich unspektakulär durch ihre Erinnerungslücken, und mir fällt auf, dass ich gerade ernsthaft Spaß habe. Trotz allem. Ich hätte gedacht, dass ich jetzt, so ohne Job und zwischen alt und nicht mehr ganz so alt und wild und neu, dass ich mich wieder in das Früher stürzen lassen wollte. Ich hätte gedacht, fast gehofft, das mehr zu vermissen. Das vermeintlich Zügellose, das angeblich Wilde. Ich hätte gedacht, das vermissen zu müssen. Doch mein Blick flaniert durch diese illustre Runde in unserem immer noch viel zu weißen Wohnzimmer, Mattes, Tüte, Brit und Alex, eine Handvoll Spielfiguren aus Holz, ein Laptop spielt deutsche Gitarrenmusik, und tatsächlich steht nur eine einzige Flasche Wein auf dem Tisch.

Es ist okay, denke ich. Kann man langweilig sein, wenn man sich selber gar nicht langweilt?

«*Langweilig* ist eine Wahrnehmung, kein Wesenszug», flüstert mir mein Verstand dazwischen. «Man kann nur langweilig *gefunden werden*, auch gerne von sich selbst, aber man kann niemals langweilig *sein*. Ist doch beruhigend, oder? Die Frage ist doch: Was genau willst du da zurückhaben? Das Feierngehen oder die, die feiern gegangen ist?»

«Zweiteres», denke ich zurück.

«Dann ist gut», sagt mein Verstand. «Die ist ja noch da. Nur anders eben. Die ist jetzt hier und spielt Spiele und findet das ziemlich geil.»

Man muss nicht alles an sich binden, was einem mal etwas bedeutet hat. Was man auch nicht muss, ist jahrelang die Würfel in der Hand behalten, während man erzählt, was man gestern Abend getrunken hat.

«Wird das noch was mit dem Würfeln?», frage ich, «Oder magst du warten, bis ich vierzig bin?»

«Ist doch gar nicht mehr so lange», grinst Brit und lässt die Würfel schwungvoll über den Tisch klackern.

«Autsch», murmelt Alex. «Hömma, Henni, willst du dir das von meiner Freundin bieten lassen?»

«Die ist doch selber fast schon vierzig», feixe ich. «Nur mit dem Unterschied, dass das im *Intershop* keiner wissen darf.»

«Wie kommst du darauf, dass *ich* noch in den *Intershop* gehe?»

«Weil man in dem Licht deine Falten nicht sieht.»

Wir lachen.

«Was machen Frauen eigentlich in ihrer Midlife-Crisis?», fragt Mattes, während er das Wohnzimmer durch sein Weinglas aufmerksam mustert.

«*Ich* hab noch keine Pläne», sage ich. «Aber wir sparen ja schon auf Mattes' Motorrad und die Lederjacke.»

Brit gluckst vergnügt. «Alex hat seine noch. Nur das Motorrad wird schwierig. Man muss das ja auch irgendwo unterstellen.»

Unsere Männer schauen betroffen aus der Wäsche. Vom Wein beschleunigt, klatscht meine Hand versöhnlich auf Mattes' Oberschenkel.

«Ach, Süßer. Ich bin doch schon mittendrin in der bösen Midlife-Crisis mit der Kündigung und so.»

«BITTE WAS?»

Brit und Alex haben einen ihrer seltenen Unisono-Momente. Synchrone Fassungslosigkeit, ein bisschen wie Wasserballett. Nur mit Gesicht.

«Ach so, ja», antworte ich fahrig. «Ich hab gekündigt.»

«Und das erzählst du hier so nebenbei?»

«Eigentlich wollte ich einen Zeppelin mieten, aber ihr wisst ja, das Motorrad.»

«Mal Spaß beiseite», unterbricht mich Alex. «Du hast echt gekündigt?»

«Ja. War Zeit, irgendwie.»

«Respekt», murmelt er anerkennend und streckt mir seinen Arm entgegen. «Jetzt verstehe ich unser Gespräch letzte Woche. Na dann: Kündigungs-Ghettofaust!»

Ich stupse stolz dagegen.

«Und was machst du jetzt?», fragt Brit. «Also, cool, aber ...», setzt sie dann hinterher, um die Frage ein wenig zu relativieren, «ich meine, also, wirklich cool, aber was machst du jetzt?»

«Weiß ich noch nicht», sage ich fröhlich.

«Hab ja noch drei Wochen Zeit, bis ich arbeitslos bin. Aber ich musste da einfach raus. War jetzt vielleicht nicht die vernünftigste Entscheidung, aber manchmal geht das nicht anders.»

«Absolut», springt mir Mattes bei.

«Ja, geil», zögert Brit verhalten in die Runde. «Dann – auf neue Anfänge?»

Vorsichtig hebt sie ihr Weinglas und nickt mir fragend zu.

«Jau», flöte ich, während ich mein leeres Glas feierlich danebenhalte.

«Gut, dann würfle auch endlich mal», flachst Brit zurück. «Sonst bin *ich* vierzig, bevor ich wieder dran bin.»

Ich muss lachen.

«Ich liebe dich», kichert es über meine Lippen.

«Meine Fresse, ist das schön mit euch», sage ich dann unbestimmt in die Runde, während ich mir seelenruhig Wein nachschenke und die Würfel ignoriere.

Tüte gähnt zur Bestätigung, hebt müde seinen Kopf und mustert uns skeptisch. Dann trottet er verschlafen aus dem Wohnzimmer Richtung Küche und lässt es sich nicht nehmen, dabei fast gegen die Tür zu laufen. Das ist definitiv so was von *mein* Hund. Hastig hebe ich das Glas an die Lippen, ein Schluck Wein, dann lasse ich die Würfel auf den Tisch donnern. Meine Holzfigur darf drei Felder vorwärtsziehen. Beneidenswert. Ich wünschte, ich könnte auch einfach würfeln, damit es weitergeht. Aber mein Leben ist wohl eher eines dieser modernen Spiele, wo nicht gewürfelt wird. Wo es nicht so sehr um Glück geht, sondern darum, wie gut man mit einem Mund voll Wasser die Nationalhymne gurgeln kann oder so etwas in der Art. Und eigentlich kann ich das ziemlich gut. Wenn ich Wein statt Wasser nehmen darf. Mein Blick ruht sich einen Moment auf dem Spielfeld aus. Bunte Felder reihen sich aneinander wie eine aussichtslose Partie Tetris, und allesamt sind sie bekritzelt mit frech kolorierten Symbolen in Komplementärfarben. Ich habe keine Ahnung, was hier vor sich geht.

«Das Labyrinth der Rätsel», hat Alex vorhin gesagt, «hab ich ganz neu, das soll super sein.» Inzwischen dämmert mir, dass das größte Rätsel dieses Spiels ganz offensichtlich seine Regeln sind. Unsere Figuren stehen weit verteilt, ich bin mit meinem letzten Zug auf einem grünen Kringel gelandet, der herausfordernd unter meiner Figur hervorlugt. Ich reiche die Würfel weiter. Mattes blickt mitleidig zu mir herüber, wartet ein paar Sekunden und schiebt dann meine Figur vier Felder zurück auf ein rotes Ausrufezeichen.

«Kann mir mal einer sagen, ob ich gewinne oder verliere?», frage ich.

«Du hättest eine Karte ziehen müssen», meint Mattes. «Bei den grünen Fragezeichen musst du 'ne Karte ziehen und ein ‹rätselhaftes Rätsel enträtseln›. Ansonsten geht's vier Felder zurück.»

«Ach, ein Fragezeichen soll das sein. Sah von hier wie ein sehr unentschlossener Regenwurm aus. In Grün.»

«Ja, nee, das war ein Fragezeichen», konstatiert Mattes belustigt, während er mir noch einmal Wein nachschenkt.

«Und ich glaube, du verlierst. Aber so richtig sicher bin ich auch nicht. Wie viele Mysterio-Steine hast du?»

«Ich weiß nicht. Fünf vielleicht?»

«War das jetzt eine Frage?»

Alex starrt mich schockiert an.

Panisch sucht mein Blick den Tisch vor mir auf und ab. Ich habe keine Ahnung, was das für Steine sein sollen. Oder ob ich überhaupt welche habe.

«Nein», hauche ich mit rauchiger Stimme und ziehe eine Augenbraue nach oben, «das war keine Frage. Es war ein Rätsel.»

«Ich glaube, wir müssen Henni noch mal die Regeln erklären», seufzt Alex.

«Ich bitte darum», sage ich. «Tut mir leid. Ich hatte gehofft, dass es nicht auffällt.»

«Hat ja eine Zeit ganz gut funktioniert.»

Alex zuckt mit den Schultern.

«Ich weiß», sage ich.

«Wenn ich ehrlich sein soll», wirft Mattes ein, «ich könnte auch ein bisschen Enträtselung dieser Regeln vertragen. Ich weiß eigentlich nur das mit den Fragezeichen.»

Ich kann Brit schweigen hören. Sehr, sehr laut schweigen hören. Dann hebt sie verschüchtert die Hand und sagt: «Ich auch, bitte.»

Geräuschvoll atmet Alex aus, lässt den Blick durch die Runde kreisen. Nimmt noch einen Schluck Wein, schüttelt dann den Kopf.

«Na ja, so ganz genau kann ich euch das jetzt auch nicht erklären. Ich dachte eigentlich, *du* weißt, worum es geht», sagt er dann Richtung Brit.

Wir schweigen.

«Also», stammelt Mattes nach einer Zeit, «sehe ich das richtig, dass eigentlich *keiner* von uns weiß, wie das hier genau funktioniert?»

Alex lacht. Und plötzlich sehe ich ihn wieder vor mir stehen, mit dem ausgewachsenen Iro und an dieses unsägliche Mofa gelehnt, vor dem Haus meiner Eltern. Wie ihn die Sonne blendet und mich sein Lachen. Dieser schlaksige Schelm mit der zertragenen Jeans, so bezaubernd echt, wie er daherflunkert, er habe jetzt einen Führerschein. Und ich hinter ihn auf diese Knatterkiste gezwängt, meine Arme um seine Lederjacke geschlungen, mit atemberaubenden 20 km/h der Adoleszenz entgegen. Ich sehe, wie er versucht hat, mich zu küssen, vor diesem Kiosk in der Lessingstraße, zwei Bierflaschen in der Hand. Dieses verschämte Lachen, als ich zurückküsste und sagte, dass es dabei bliebe. Das ist so lange her, und in der Zeit dazwischen ist dieser Alex jemand anderes geworden, genau wie ich. Das Gesicht härter und die Gedanken auch. Hat seinen Führerschein dann doch noch gemacht, genau wie Abitur und Studium. Ein gutes Stück mehr Schuld auf sich geladen und die Füße schlussendlich auf den Boden gesetzt. Und jetzt sehe ich dieses Lachen von damals wieder und frage mich, ob er wohl einen Führerschein machen wird für sein Mid-life-Crisis-Motorrad. Erschreckender Gedanke, dass das schon zwanzig Jahre her sein soll. Mit siebzehn war das eine Ewig-keit oder zwei, aber jetzt, jetzt sind zwanzig Jahre eine Zeit-spanne zwischen zwei Lächeln, die wir überschauen können, die wir hin- und herspulen können wie eine Videokassette, zu den fünf, sechs guten Stellen, die sich irgendwo darauf finden. Bitterschön ist das. Und ich freue mich, Alex wieder genau so ertappt lachen zu sehen, diese Planlosigkeit, die über seine Wangen tanzt.

So wie er seinen Bart nach Art eines Holzfällers trägt, so leben wir vielleicht nach Art eines Erwachsenen. Aber ganz si-cher nicht erwachsen, wie seine Eltern das definieren würden. Oder die von Mattes. Kinder, Haus, Baum. Vielleicht noch ein Segelboot dazu, wenn man sich Mühe gibt. Aber doch nicht das hier.

Andererseits: Vielleicht liegt es jetzt an uns, *erwachsen* zu definieren. Vielleicht tun wir das schon längst.

Es gibt so viele Arten des Erwachsenseins. Es gibt die Ge-radlinigen, die Klassiker, genau wie die gewundenen Straßen, die bis zum Schluss kein Ziel erkennen lassen. Die Umwege und Geisterfahrten, die Querfeldein- und Trampelpfade.

«Wusstet ihr eigentlich immer, wo ihr hinwollt?», frage ich abrupt. «So im Leben?»

Brit wusste das natürlich. Immer.

«Ich wollte eigentlich nie raus aus dem Kindergarten. Und bis auf die paar Jahre Schule hat das ja auch geklappt», sagt sie und lächelt. «Auch wenn ich mir das mit vier vielleicht ein bisschen anders vorgestellt hab. Da dachte ich: Wenn ich groß bin, möchte ich immer noch rumtoben, wie Frau Altenbauer – das wär's.»

«Und machst du das?»

«Nicht wirklich. Kindergarten ist dann doch ziemlich ernüchternd von der anderen Seite. Kam mir früher so vor, als würden unsere Kindergärtnerinnen genau dasselbe machen wie wir. Die haben mich eiskalt getäuscht», fährt sie lachend fort. «Aber es ist schon cool. Und ich glaube, darum geht's. Und natürlich die *Unsummen* an Geld, die man da verdient.»

Bei den Worten streicht Alex ihr sanft über den Rücken.

«Ich finde das so mega weird», sagt er dann. «Ich wusste bis Mitte 20 nicht mal, ob ich auf Männer oder Frauen stehe. Wie soll man sich da für einen Beruf entscheiden?»

Brit lacht verlegen.

«Muss man doch gar nicht», wirft Mattes dazwischen. «Also, ich meine, so endgültig. Wenn sich etwas geändert hat, dann doch wohl das. Ich hätte dir vor zehn Jahren ganz sicher nicht sagen können, dass ich jetzt Businessapplikationen für Unternehmen programmiere. Eher jeden verprügelt, der mir das unterstellt hätte. Aber das ist halt das, was ich jetzt mache. Noch. Aber das muss ja nicht so bleiben. Vielleicht ...»

«... wirst du Spieleentwickler», antworten wir im Chor.

«Ja, doch», wird Mattes etwas defensiv.

«Wann denn?», fragt Alex.

«Seit ich dich kenne, wirst du das *irgendwann*.»

«Ich hätte da Schiss», wirft Brit ein. «Keine Ahnung, aber bei so was hätte ich immer die Angst, irgendwas falsch zu machen. Wenn du das irgendwann tatsächlich durchziehst – Hut ab. Mein Lebenslauf ist so straight bisher, das würde doch aussehen, als wäre ich wahnsinnig geworden, mit so einem Bruch dadrin. Ich könnte das nicht.»

«Der Punkt ist doch der», antwortet Mattes, während er genüsslich eine zweite Flasche Wein entkorkt.

«*Ich* könnte. Wir alle *könnten*. Und ich finde es völlig in Ordnung, das zu können und es trotzdem nicht zu tun. Genau wie ich es in Ordnung finde, mehr als in Ordnung, das zu versuchen. Gibt doch kein Richtig und Falsch. Kann doch allerhöchstens schiefgehen, mehr nicht. Und das finde ich so verrückt, dass wir das alle immer wieder vergessen. Dass wir alle nur dieses eine Leben haben und das damit verbringen, uns Sorgen zu machen, was alles passieren könnte, wenn man mal nicht geradeaus fährt.»

«Man könnte vor einen Baum fahren», werfe ich ein. «So wie ich.»

«Richtig. Aber man kann auch vom Bus überfahren werden. Das ist jetzt kein Argument. Was ich sagen will, ist: Man kann doch nichts falsch machen im Leben. Man kann schlechte Entscheidungen treffen und mit dem Ergebnis unzufrieden sein. Aber falsch, so richtig objektiv falsch – kann man nichts machen im Leben. Weil man eben auch nichts richtig machen kann. Man kann Dinge nur so machen, wie man sie für richtig *hält*. Und das finde ich irgendwie ziemlich beruhigend. Als Gedanke. So wie wir jetzt die letzte Stunde dieses beschissene Spiel so gespielt haben, wie wir das für richtig hielten. Auch wenn uns die Regeln da höchstwahrscheinlich widersprechen würden.»

«Hat ja auch Spaß gemacht bisher», meint Brit, ganz Kindergärtnerin, und wir anderen stimmen zu.

«Klar, wir wissen jetzt nicht, wer gewinnt», sage ich, «aber ich halte das Konzept, dass ständig irgendwo gewonnen werden muss, auch nicht mehr für zeitgemäß.»

«Ja, weil du verlierst», grinst Mattes.

«Weißt du doch gar nicht», grinse ich zurück.

«Wer ist dafür, Frau Liebling für diese Aussage einen Mysterio-Stein ehrenhalber zu verleihen?», fragt Alex in die Runde. Vier Arme heben sich.

«Ich nehme diesen Preis an», verkünde ich feierlich. Dann lehne ich mich zu unserem Laptop herüber, um neue Musik zu suchen. Eigentlich will ich Fanfaren, etwas Würdevolles, aber meine Hände bleiben ratlos auf der Tastatur liegen. Der Moment ist schon wieder vorbei, in dem das spontan gewirkt hätte. Früher hätte ich jetzt wahrscheinlich noch fünf Minuten krampfhaft gesucht, um diesen Gag um jeden Preis viel zu spät zu Ende zu bringen, einfach weil es vor fünf Minuten eben supergut gepasst hätte, eine Fanfare abzuspielen. Aber der Moment ist vorbei, also lasse ich das. Stattdessen nehme ich mir vor, das zu tun, was reife Menschen in so einer Situation nun mal tun: sich eine App runterladen, die Fanfaren abspielt, damit ich beim nächsten Mal vorbereitet bin.

Meine Hände immer noch auf der Tastatur, suche ich ein wenig in unserer Musik herum. Stimmungswechsel scheint mir angebracht. ClickClickDecker tippe ich dann lächelnd. Ich erinnere mich, den Mann zu mögen. Weil er immer so kaputt davon sang, was in meinem Kopf passierte. Das habe ich früher immer gehört. *Man darf ja wohl mal schreien, wegen dem bisschen Stolz*, schwappt es durch meinen Kopf. Passt immer noch. Was für eine Zeile, die die letzten Monate ziemlich gut zusammenfasst. Keine Ahnung, warum ich jetzt erst wieder darauf komme, ihm zuhören zu wollen. Vielleicht brauchen verschüttete Lieblinge manchmal einfach etwas Zeit, bevor sie sich selbst wieder ausgraben. Zärtlich wandern meine Augen die Titel weiter entlang. Zeit, sich zu entscheiden.

Die ersten Akkorde brechen aus unseren Boxen.

Wer erklärt mir jetzt, wie das hier funktioniert, singt der Mann, während er so wunderschön schmutzig Gitarre spielt, und auch Mattes kann ein Lächeln nicht unterdrücken, obwohl er die Musik hasst.

«Passt», sagt er nur.

UNGESÜSST

Wie gerne ich behaupten würde, dass sich die ersten Sonnenstrahlen zärtlich durch unser blankgeputztes Schlafzimmerfenster schleichen, um uns sanft in den Wochenstart zu küssen. Aber das wäre eben gelogen. Tatsache ist, dass man eher selten von Sonnenstrahlen wachgeküsst wird, wenn man arbeiten gehen muss. Vielmehr ist es ein trübes Zwielicht, das da ungehalten auf einen einprügelt, wenn der Wecker neben einem explodiert und man weiß, dass man in zwei Stunden im Büro sein muss. Das ist nicht schön. Aber das soll es auch nicht sein. Alltag ist nun mal nicht schön. Schön ist nur, was man daraus machen kann.

«Ich will da nicht hin», quengle ich steifgestreckt an unser Bett geklebt und schlage trotzig mit den Fäusten auf die Matratze.

«Schock. Schwere. Not», murmelt Mattes stoisch, den Blick an die Decke geheftet. «Ich hatte ja keine Ahnung. Es ist ja nicht so, als hättest du die letzten drei Wochen nicht wirklich *jeden* Tag mit diesem Satz begonnen. Das wäre ja kaum aushaltbar.» Seine Augen funkeln mich durch die graue Dämmerung spöttisch an. Immerhin hat sich der Ansatz eines schiefen Lächelns in seine Bartstoppeln verirrt. Man nimmt, was man kriegt.

«Tut mir leid», resigniere ich. «Es ist einfach nur dieser Gedanke ans Büro, den ich nicht aushalte. Jeden Morgen wartet der da oben an der Decke auf mich, bevor er runterfällt und mich erschlägt, sobald ich die Augen aufmache. Wie so ein Kronleuchter in einem sehr schlechten Krimi.»

«Schönes Bild», grinst Mattes.

«Dass ich von einem Kronleuchter erschlagen werde?»

«Nee, das mit dem Gedanken an der Decke.»

«Wollte schon sagen.»

«Es ist nur noch eine Woche», flüstert Mattes. «Du schaffst das. Mit etwas Glück sogar, ohne uns beide in den Wahnsinn zu treiben. Soll ich mal Kaffee aufsetzen?»

«Ich weiß nicht», sage ich.

Verwundert lässt sich mein schon halb aufgestandener Freund zurück ins Bett rollen und mustert mich aufmerksam, während er mir eine Hand auf die Stirn legt.

«Nee, Fieber hast du nicht», sagt er kopfschüttelnd.

«Ich meinte was anderes», knirsche ich und schiebe seine Hand vielleicht etwas zu unwirsch beiseite. «Mich regt das echt auf. Ich habe einfach keine Ahnung, was ich machen will. Oder kann.»

Geräuschvoll atmet Mattes aus und versinkt noch tiefer im Bett. Die rechte Hand zeichnet hoffnungsvoll Muster in die Luft.

«Wie willst du aufwachen?», fragt er dann.

Schweigend liege ich da und lasse die Frage neben mir herabsinken. Meine Augen tasten sich die Decke entlang, ob da noch mehr Gedanken lauern, aber da ist nur die nackte Glühbirne, die wie eine tote Sonne traurig im Nichts hängt. Immer noch dunkelt das Zwielicht zum Fenster herein, ein verwaschenes Grauschwarz in Wasserfarben, in das der Tag jetzt erste Farbkleckse sprenkelt. Ich meine mal in einem Buch gelesen zu haben, dass sich das ganze Leben so anfühlen kann. Wie will ich aufwachen?

Anders. Nicht mit Geistergedanken, die die Zimmerdecke entlangschleichen. Wahrscheinlich ist es nur die Übergangsphase, die das so schlimm sein lässt. Das letzte bisschen Aushalten, das immer am schlimmsten ist. Als ob mir der nächste Lebensabschnitt auf der Zunge läge, ein bekannter Geschmack, aber kein Name dazu. Ich weiß, wie sich das anfühlen soll. Sehr konkret weiß ich das. Es ist wie beim Kochen, wenn man weiß, wo man hinwill, wie es schmecken soll, aber einfach nicht auf das richtige Gewürz kommt. Und am Ende ist es immer etwas total Offensichtliches. Salz. Oder Koriander. Ich lasse meine Gedanken ruhig an diesem Gewürzbord in meinem verschlafenen Kopf vorbeistreichen, in der Hoffnung, die richtige Zutat für mein Leben ganz vorne im Regal zu finden. Aber Fehlanzeige. In meiner Situation ist diese fehlende Zutat schätzungsweise leider eher so etwas wie Kardamom oder Bockshornklee. So ein Zeug, das man niemals im Haus hat – und nicht mal weiß, wie man es schreibt oder wofür man es brauchen könnte.

Wie will ich aufwachen? Was für eine beschissene Frage. Mit Croissants und Kaffee, wenn es denn geht.

«Ich will das Gefühl haben, für etwas Sinnvolles aufzustehen», sage ich schließlich. «Ich muss mich gar nicht selbst verwirklichen bei der Arbeit, ist mir aufgefallen. Aber ich muss das irgendwie für wertvoll halten, was ich da tue. Sonst stehe ich das nicht durch. Und es ist so ein bisschen die Suche nach der Nadel im Heuhaufen. Weil die Schnittmenge von Dingen, die ich kann, und Dingen, die ich für sinnvoll erachte, äußerst gering zu sein scheint. Und da sowohl ‹Bücher lesen› als auch ‹meine Meinung sagen› irgendwie keine Jobs im klassischen Sinne sind, sieht es ein bisschen finster aus. Aber ich suche tapfer weiter.»

«Warum», fragt Mattes, während seine Hand durch seine ausgeschlafenen Locken wandert, «suchst du eigentlich so krampfhaft nach einem *Job*? Lass mich ausreden», pfeift er meinen zum Protest geöffneten Mund zurück. «Ich meine, du bist doch so viel mehr als nur jemand, der arbeitet. Richtig? Und trotzdem denkst du nur in dieser Kategorie. Es geht doch letztendlich um so viel mehr. Du hast gerade diese phantastische Gelegenheit, nicht *nur* eine neue Arbeit zu suchen. Ich habe das Gefühl, dass du nur darauf schaust, in welchen Job du denn wohl passen könntest, ohne daran kaputtzugehen.»

«Na, ist doch auch so», antworte ich. «Muss doch passen.»

«Richtig», meint Mattes. «Die Frage ist nur: Musst du zu deinem Job passen – oder dein Job zu dir?»

«Ooaach.» Ich stöhne. «Mir geht diese Küchenphilosophie gerade ein bisschen auf den Senkel. Man kann sich das halt nicht immer aussuchen.»

«Das ist mir durchaus klar», faucht Mattes etwas verärgert, «aber da du nun mal deinen alten Job in gut einer Woche los bist, könnte man das durchaus auch als Chance begreifen zu überlegen, was man eigentlich will, so vom Leben. Es geht nicht immer nur um Arbeit, Arbeit, Arbeit. Auch wenn das leider so ein verschissen wichtiger Teil ist vom Ganzen. Aber du darfst dich doch nicht darüber definieren, welchen Job du machst oder nicht machst oder nicht machen kannst. Sonst wirst du irgendwann wie dein Cousinchen Melanie. Das ist doch der Horror.»

«Melanie», raune ich.

«Genau, Melanie. Das will doch keiner.»

Ich atme geräuschvoll aus. «Du, können wir hier vielleicht mal einen Break machen? Nimm es mir nicht übel. Aber ich habe keine Lust, das jetzt wieder und wieder durchzukauen. Oder viel eher: durchkauen zu lassen. Ich bin ein großes Mädchen. Du musst mir wirklich nicht erklären, dass Arbeit wichtig ist und zu einem passen sollte. Ich bin vielleicht ein bisschen kindisch manchmal, aber doch nicht doof. Du lässt hier platte Weisheiten vom Stapel von wegen ‹dein Job muss zu dir passen› und bastelst seit Jahren irgendwelche Buchhaltungsapps für Unternehmen, die du *hasst*. Lass doch mal dieses scheiß Erklär-Bär-Gehabe und sei einfach *da*. Das würde mir völlig reichen. Finden, mein Freund, kann ich mich selbst gut genug. Aber dieser ewige ‹Wir erklären Henriette mal, wie die Welt funktioniert›-Modus, der geht mir langsam wirklich auf den Sack. Und das heißt schon was, denn ich hab ja nicht mal einen. Meine Fresse, ich bin fast vierzig. Und ja, ich hab ein paar kleine Defizite, was meine Zukunftsplanung angeht, aber guess what: das heißt nicht, dass du die für mich übernehmen musst. Ich bin schließlich erwachsen. Und kindisch. Und vielleicht nicht so richtig sicher, ob irgendetwas davon schlimm ist. Du sagst immer, ich soll Verantwortung übernehmen. Dann, zum Teufel, lass mich das doch auch endlich mal tun. Lass mich doch selber abschätzen, ob ich vielleicht ein bisschen überstürzt bin. Noch mal zum Mitschreiben: Ich. Bin. Erwachsen. Irgendwie.»

Die Luft raucht zwischen uns. Ein paar Sekunden bleibe ich eisschweigend liegen. Dann schwinge ich meine Beine aus dem Bett und stürme Richtung Küche.

«Ich liebe dich», rufe ich noch.

Dann stoße ich die Küchentür auf. Wenn ich schon vor Wut *koche* – dann zumindest Kaffee. Also prügle ich frisches Pulver in den Kaffeefilter, ramme kaltes Wasser in den Tank und dann die Kanne in die Maschine. Fast ist es, als würde meine Wut den Kaffee brühen, so unglaublich schnell dampft es aus allen Ventilen. Dann warte ich. Lasse den Kaffee Tropfen für Tropfen für Tropfen für Tropfen in diese riesig große Kanne rieseln. Denke nicht, betrachte nicht das echte Gewürzregal in meiner

Küche, lasse meinen Kopf keine Metaphern bauen für das, was hier passiert. Stehe einfach da. Meine Zeit. Drei Minuten Frieden, ohne irgendwem genügen zu müssen.

Wortlos schlüpft Mattes in die Küche, an den Tisch, seine Stimme versteckt, und nur sein Körper spricht. Die Schultern hochgezogen unter seinem weißen Shirt, die Locken verschämt aus dem Gesicht geflohen, seine Finger reiben zaghaft aneinander.

«Gib mir einfach mal ein bisschen Zeit», flüstere ich über das letzte Kaffeetropfen hinweg.

Er antwortet nicht. Nickt nur.

«Ich hab mir die letzten Jahre nie die Zeit genommen, einfach mal zu überlegen», sage ich. «Und gerade, da habe ich das erste Mal seit Jahren das Gefühl, dass die Wände nicht auf mich zukommen, sondern sich tatsächlich ein bisschen entfernen. Ich muss erst mal atmen, verstehste? Und dann in meinem Gewürzregal die richtigen Zutaten für die Zukunft raussuchen. Das ist jetzt gerade noch ein bisschen unübersichtlich, wenn man so will ...»

«Okay», sagt Mattes. «Und: Tut mir leid.»

Jetzt nicke ich.

Ich angle uns zwei frische Tassen aus dem Regal. Seine mit den blauen Kreisen, meine mit der Katze, die einen Abhang runterkullert. Wortlos schenke ich ein, lasse mich neben ihn an seine Schulter sinken. Male ihm mit meinen Lippen einen flüchtigen Kuss auf die Wange. Einatmen. Nie wieder zählen. Nie wieder ausatmen müssen. Was für ein wundervoller Morgen.

VORSÄTZE, NEBENSÄTZE

«Stehen bleiben! Oder ich, äh, lasse die Kaffeemaschine fallen.» Tini wirbelt auf dem Treppenabsatz herum. Ich tripple mit kleinen Schritten die letzten Stufen herunter in die Eingangshalle unseres Bürogebäudes. Die jetzt eigentlich eher eine Ausgangshalle ist. Wie die Dinge sich doch ändern, je nachdem, in welche Richtung man geht.

«Um Gottes willen», keucht Tini und schlägt sich theatralisch eine Hand aufs Herz. «Erschrick mich doch nicht so.»

«'tschuldige», kommt es hastig von mir, als ich endlich das Ende der Treppe erreiche. «Ich wollte dich noch erwischen.»

«Da haste mich», erwidert Tini eine Spur kühler. «Was gibt's denn?»

«Äh», druckse ich. «Morgen ist ja mein letzter Tag.»

«Ich weiß.»

«Und da wollte ich dich fragen, ob du heute ...»

Ich stocke. Das ist ja schlimmer als bei mir und Mattes damals. *Er* ist wenigstens nur rot geworden, als er mich nach einem Date gefragt hat. Ich werde ihn nie wieder dafür auslachen.

«Ich wollte dich fragen, ob du Lust hättest, mit mir einen Kaffee zu trinken. Also, jetzt.»

Irritiert nickt Tini Richtung der Kaffeemaschine in meinem Arm und will wohl gerade etwas Schnippisches kontern, aber ich bin schneller.

«Also, nicht mit der hier. Sondern in einem Café. Kaffeetrinken halt. In einem Café. Wir.»

Um die darauffolgende Pause elegant zu überbrücken, starre ich interessiert den Boden an.

«Also», zögert Tini, «das kommt jetzt etwas unerwartet. Und ich versteh es nicht so ganz. Du hast *morgen* deinen letzten Arbeitstag. Ist das nicht *eher* so der Zeitpunkt für solche ‹Einladungen›? Versteh mich nicht falsch, aber dein Verabschiedungstiming ist ein bisschen *off.*»

«Ist das jetzt ein Ja oder ein Nein?», frage ich.

Ein kleines Lächeln huscht ihr übers Gesicht, sie schielt flüchtig auf ihre rosa Armbanduhr.

«Na, komm», sagt sie und dreht sich Richtung Ausgang. «Wo willste denn hin?»

«Irgendwas im 3Eck, vielleicht?», frage ich, immer noch etwas verschüchtert. Die Frau ist zehn Jahre jünger und trotzdem bin allem Anschein nach *ich* die *Kleine* in diesem Gespräch. Irgendwie imponiert mir das. Vielleicht weil ich Tini so viel Souveränität nie zugetraut hätte. Wo ist die ängstliche junge Frau im rosa Polohemd hin?

«Du bist ja wild», lacht Tini, und ich kann das Eis zwischen uns förmlich schmelzen hören, wie es knarzt und knirscht. «Kaffee trinken, wo andere saufen.»

«Nee, nee», fasse ich etwas Mut. «Andere saufen da, wo wir Kaffee trinken.»

«Was hältst du davon, wenn wir uns zur Feier des Tages anpassen und Bier statt Kaffee draus machen? Es ist immerhin schon fünf und morgen dein letzter Arbeitstag.»

«Traust du dich denn», frage ich, «mit so einer alten Frau beim Saufen gesehen zu werden?»

Tini stutzt, als wir uns durch die Drehtür schieben.

«Was meinst du eigentlich, wie alt ich bitte bin?»

Meine Antwort ist ein herzhaftes Lachen.

Kühle Abendluft umarmt uns, als wir unsere Füße auf das Kopfsteinpflaster setzen. Geschäftig rauscht die Feierabendstadt um uns herum, und der Geruch letzter Sonnenstrahlen auf Asphalt steigt mir in die Nase. Es ist ein gutes Gefühl, diesen Moment nicht allein tragen zu müssen. Wir wenden uns zur Straße und beginnen, gemütlich zu schlendern. Die Kaffeemaschine leicht in meinem Arm. Ich wollte sie nicht morgen mitnehmen, an meinem letzten Tag. Das wäre mir feindselig vorgekommen. Vielleicht wollte ich einfach Stück für Stück verschwinden und nicht mit meinen Habseligkeiten in einen Karton gequetscht, als sei ich gefeuert worden. Ich will leichten Fußes über diese Schwelle schreiten. Und außerdem möchte ich noch mitkriegen, wie morgen früh allen auffällt, was für eine Lücke ich hinterlassen werde. Oder zumindest meine Kaffeemaschine. Das ist machbarer, als auf der eigenen Beerdigung aufzukreuzen. Und nicht ganz so ein Stimmungskiller. Apropos Stimmungskiller.

«Ernsthaft, was glaubst du, wie alt ich tatsächlich bin?», bohrt Tini nach.

«Keine Ahnung», sage ich. «Irgendwas Anfang zwanzig?»

Tini lacht so laut und herzerfrischend dreckig, dass die Menschen um uns herum stehen bleiben.

«Anfang zwanzig», stößt sie atemlos hervor. «Das ist ja süß. Mach da mal zehn Jahre mehr draus, dann passt das.»

«Echt jetzt?», frage ich konsterniert. «Okay, bis gerade mochte ich dich noch. Sieht man dir echt nicht an. Und ich möchte gar nicht wissen, wie du dann mit zwanzig aussahst. Oder wie du es geschafft hast, irgendwo ein Bier zu bestellen, ohne dass jemand deine Eltern ausrufen lässt.»

Tini grinst breit.

«Ob du es glaubst oder nicht: witzige Geschichte.»

«Erzähl!»

Wie ein Eisbrecher schieben sich Tinis Worte bedächtig durch die geschmolzene Arktis zwischen uns, das letzte bisschen vorsichtige Distanz zersplittert zu Anekdoten aus einem Leben, welches wir bisher nicht geteilt haben.

Wir quasseln. Nicht über Chefs und Papiere und Schreibtischinseln, auf denen wir uns gestrandet fühlten. Nur über witzige Begebenheiten von früher und Serien, die wir abends auf der Couch schauen, über Wein, den wir gut finden, und diesen neuen Präsidenten in Amerika, der aussieht und spricht, als habe ihn irgendwer zu lange im Garten liegen lassen. Das erste Bier bestellen wir allein mit Handzeichen, so offensichtlich sind wir, so lupenreine Biermenschen im Biergespräch, dass niemand fragen muss, der sein Handwerk versteht. Ich kann nicht glauben, wie leicht das geht. Wie unerwartet leicht. Eine wirkliche Pause entsteht erst, als wir die Gläser ansetzen und in großen Schlucken den Feierabendstaub herunterspülen. Das ist das «Auf-die-Ampel-Zurollen» der Gespräche. Kupplung treten, Gang rausnehmen.

Zufrieden schweigen wir in der Menge.

«Witzig», sage ich irgendwann über die Köpfe der anderen Gäste hinweg. «Ich fühl mich gar nicht mal so alt gerade.»

«Na, das biste ja auch nicht.»

«Vor zehn Jahren hätte ich dir da widersprochen», grinse ich. «Ende dreißig. Das war immer so ein Horrorszenario.»

«Ja, aber auch nur, wenn man sich drauf einlässt, sich von einer Zahl etwas verbieten zu lassen.»

«Oder sich generell von einer Zahl was *bieten* zu lassen», ergänze ich. «Zahlen sind so präzise. Wenn man genauer darüber nachdenkt, ist es irrsinnig, ausgerechnet *damit* das Alter eines Menschen abbilden zu wollen.»

Tini schmunzelt. «Stimmt schon», sagt sie dann und lässt die Worte wie ein kleines Rinnsal ausklingen, das sich bedächtig über den mattlackierten Holztisch schiebt.

Ich nehme einen großen Schluck Bier und seufze zufrieden. Mein Blick versucht, die Bedienung in ihrem Gespräch mit einem hübschen jungen Mann an der Bar zu unterbrechen. Vergeblich. Der Mann kann sich aber auch wirklich verdammt lässig durch das blondierte Haar streichen, ohne es wie Absicht aussehen zu lassen. Auch was ich sonst noch so von ihm sehen kann, gefällt mir. Könnte also länger dauern, bis ich ein neues Bier bekomme. Aber die Aussicht entschädigt. Verstohlen grinse ich und lasse meine Augen zurück zu Tini huschen. Auch sie setzt gerade ihr Glas ab, und ihre Augen leiten bereits eine neuerliche Frage ein, für die ihr Mund aber ganz offensichtlich noch zu voll ist. Hastig schluckt sie, schnappt kurz nach Luft.

«Was ich dich noch fragen wollte», schießt es dann gemeinsam mit etwas Bier aus ihr hervor, während sie sich mit ihrer Hand etwas unachtsam den Mund abwischt. «Ich habe das immer nur so am Rande mitbekommen. Aber stimmt das eigentlich, dass du mal ein Buch geschrieben hast?»

Sofort schießt Blut in meinen ohnehin schon leichten Kopf. Ist ja kein Geheimnis. Aber einfach so unglaublich weit weg. Unter all den Dingen, die ich Tini spontan über mich erzählt hätte, wäre das mit dem Buch höchstwahrscheinlich nicht dabei gewesen. Ich wäre einfach nicht draufgekommen, das zu erwähnen. Aber weshalb eigentlich?

Manchmal lässt man Dinge vielleicht wirklich einfach hinter sich. Egal wie groß die Liebe mal gewesen ist. Ich bin bisher ja auch über jeden Mann hinweggekommen. Denn das machen Menschen in der Regel wohl so.

«Ja, äh», stammle ich. «Wie du an meiner, äh, Eloquenz sicherlich merkst, mache ich das jetzt nicht mehr.»

«Aber du hast mal.»

«Ja, obwohl das ein bisschen her ist. Also, zumindest das ‹Gute-Bücher-Schreiben›.»

«Und woran hat's gelegen, wenn ich fragen darf?»

«Hm», brumme ich. «Wenn ich das mal wüsste. Vielleicht war meine Geschichte einfach auserzählt, zu dem Zeitpunkt. Weißt du, was ich meine? Irgendwann kommt man ja in jedem Gespräch an den Punkt, wo man sagt: Joa, das war so das Wesentliche, was ich erzählen wollte. Und dann schweigt man noch ein Weilchen rum, zahlt und geht nach Hause. So war das auch bei mir mit dem Schreiben, glaube ich. Nur dass vielleicht eher mein Gegenüber gesagt hat, dass das alles jetzt nicht mehr so virulent interessant ist, was ich da zu erzählen habe. Also, mein Lektor in dem Fall.»

«Krass.»

«Es war ein bisschen wie Schluss machen am Telefon.»

«Und glaubst du das auch?»

«Was genau jetzt?»

«Dass du nichts mehr zu erzählen hast?»

«Zumindest nichts, was Leute für Geld kaufen würden.»

«Worum ging es denn, wenn ich fragen darf?»

Ich schweige. Hole tief Luft. Immer noch ein schwieriges Thema.

«Also», sage ich und atme ganz langsam aus, bereite meinen Worten einen Teppich aus Luft, auf dem sie widerstandslos dahingleiten können. «Die Kurzfassung ist: Mädchen vom Land hat eine große Fresse, traut sich, sie aufzureißen, und wird dann deshalb krass erfolgreich. Was jetzt in sich schon nicht die unbedingt originellste Story ist.»

«Also autobiographisch», lächelt Tini.

«Sehe ich aus, als wäre ich krass erfolgreich?», frage ich.

«Du bist Ende dreißig und hast gerade einen Job hingeschmissen, in dem du ganz okay, aber offensichtlich nicht wirklich glücklich warst. Ich würde das sogar äußerst erfolgreich nennen.»

«Weil ich mich getraut habe, *meinen Träumen zu folgen?*», frage ich und wedle dabei sarkastisch mit den Händen.

«Nee», meint Tini. «Weil du dich was getraut hast, mit dem ich schon seit Jahren hadere. Ich meine, wenn man weiß, dass einem nichts passieren kann – da kann jeder mutig sein. Aber so einen Job aufzugeben, obwohl man ihn behalten könnte, einfach weil man ihn scheiße findet oder das, was er aus einem macht» – und bei diesen letzten Worten zwinkert mir Tini ungemein auffällig zu, «DAS würde ich mal erfolgreiche Lebensgestaltung nennen.»

«Können wir bitte nicht mehr über den Job reden», sage ich. «Ich habe das Gefühl, in letzter Zeit rotiert mein ganzes Leben nur noch darum, dass ich kündige und noch nichts Neues habe und dass das total unvernünftig und gleichzeitig irgendwie ganz toll ist.»

«Deal», sagt Tini. «Eine letzte Sache aber noch. Was *ich* nämlich noch nicht so ganz verstanden habe: Warum sitzen wir hier? Wir beide, jetzt? Ich meine, das ist schön und alles, aber weshalb *jetzt*?»

«Ah, immer direkt auf die ungeschützten Stellen», grinse ich verlegen und lasse den Zeigefinger wie eine kleine Eiskunstläuferin auf dem Rand meines Glases umherlaufen.

«Also», atme ich tief und bedächtig aus. «Ich wollte mich bei dir entschuldigen. Noch mal so richtig, offiziell. Eigentlich will ich das schon eine ganze Weile. Aber ...», verschämt suche ich Tinis Blick. «Na ja, es war so viel los in meinem Kopf, und ich weiß, das ist keine Ausrede, aber irgendwie hat das nie gepasst.»

«Interessant», nickt Tini wohlwollend. Ihre Finger sortieren in einem Schälchen voller Nüsse auf unserem Tisch herum. Dann bekomme ich endlich mein eigenes Herz zu fassen.

«Also: Entschuldige bitte. Zu sagen, dass ich dir damals nicht auf die Füße treten wollte – wäre gelogen. Aber es tut mir leid, dass ich's getan habe.»

«Bevor ich da jetzt was zu sage», antwortet Tini überraschend schnell und fischt endlich eine Erdnuss aus der Schale hervor, die ihr essbar scheint. «Noch mal meine Frage: Warum heute? Warum nicht morgen? Ein letzter Tag ist doch immer super für so etwas. Sich entschuldigen. Sorry und weg, weißte?»

«Ja, das ...», murmle ich. «Kennst du das, wenn du im November beschließt, wieder ins Fitnessstudio zu gehen, und dann einfach keine Zeit findest? Und plötzlich ist der erste Januar, und dann wartest du noch eine Woche, weil das nicht so wirken soll, als sei das einer dieser hoffnungslosen guten Vorsätze fürs neue Jahr? So ungefähr. Ich wollte nicht, dass das wie so ein Abschiedsding wirkt, was man halt so macht, wenn man geht. Ich meine, am letzten Schultag sagen sich auch alle, dass sie sich wahnsinnig vermissen werden. Egal wie sehr man sich gehasst hat. Und das wollte ich vermeiden. Es sollte von Herzen kommen, weißte?», setze ich nach und nehme einen großen, letzten Schluck. Tini atmet geräuschvoll aus.

«Verstehe», sagt sie dann und lächelt dabei fast so schief wie ich. «Irgendwie ist das in der Umsetzung ein bisschen hölzern geworden. Aber der Gedanke, der macht das dann schon wieder wett. Entschuldigung angenommen.»

Endlich kann ich auch grinsen.

«Freut mich», schiebe ich durch meine Lippen.

Und es fühlt sich an, als hätte da gerade etwas einen Weg zwischen uns frei geräumt. Also, ich. Interessiert betrachte ich Tini. Diese Tini, die ich immer für jünger und dümmer gehalten habe als mich. Was für eine Arroganz mich da geritten hat. Weil ich dachte, dass mir das Leben ganz übel mitgespielt hätte und ich deshalb fast so etwas wie erleuchtet sei. Und in meiner Krise, die ja *niemand* je nachvollziehen *könnte*, dass ich da das Recht hätte, so zu sein, wie ich war. Aber das stimmt natürlich nicht. Nichts im Leben gibt uns das Recht, irgendwie zu sein. Wenn das Leben dir Zitronen gibt – musst du noch lange keine Limonade daraus machen. Man muss nicht immer das Beste aus allem machen, vor allem nicht, wenn das Beste immer noch schlecht ist. Manchmal muss man die Zitronen einfach verschenken und sich Orangen borgen.

Wir müssen uns Chancen geben. Alle miteinander.

Und ich bin in ein neues, kaltes Wasser gesprungen. Habe mir selbst die Chance gewährt, anderen eine zu geben. Und jetzt steuert diese Entschuldigung geradewegs auf etwas zu, was vielleicht eine Freundschaft werden könnte. So unerwartet viele Gemeinsamkeiten, die immer vom Büro verdeckt wurden. Urteile verwachsen einem die Sicht, wenn man sie nicht immer mal wieder fällt.

«Bist du schon betrunken?», reißt mich Tinis Stimme zurück.

«Entschuldige, weggeträumt. Schlechte Angewohnheit. Wo wir gerade bei Dingen waren, die ich mache, bevor ich aufhöre, da zu arbeiten: Warum bleibst du eigentlich da, in diesem Chaotenladen? Geht dir das nicht tierisch an die Substanz?»

«Ich dachte, wir wollten nicht mehr über Arbeit reden», kontert Tini süffisant.

«Aber gut: Ich bin Bürokauffrau. Neun Jahre jetzt, glaub ich. Ich hab mich da irgendwie dran gewöhnt. An die Leute, an die Art. Ist irgendwie einfacher, tagsüber den Kopf einzuziehen. Ist so ein Reflex. Aber wenn ich *du* wäre …»

«Nehmen wir mal an, du wärst es. Nehmen wir mal an, du hättest jederzeit die Möglichkeit, eine Entscheidung zu treffen. So rein hypothetisch jetzt», zwinkere ich.

«Holz», schießt es aus Tini hervor. «Ich würde hinschmeißen und irgendwas mit Holz machen. Ich mag den Geruch, weißt du. Erinnert mich an früher, wie ich als Kind durch die Werkstatt geturnt bin. Holzspäne. Da bin ich sofort zu Hause.»

«Was war dein Vater denn? Schreiner oder so was?»

Tini grinst. «Meine *Mutter*. Und ja, Schreinerin.»

«Das bleibt unter uns, okay?», frage ich und schüttle den Kopf. «Wenn Mattes mitkriegt, dass ausgerechnet *ich* in diese Geschlechterrollenfalle getappt bin, werde ich mir das meinen Lebtag anhören dürfen.»

«Ich schweige wie ein Grab», lacht Tini.

«Gut», sage ich.

«Aber jetzt, wo du belastendes Material gegen mich in der Hand hast – kann ich mir zumindest eine Karriere in der Politik abschminken. Das war meine letzte Option, die berüchtigte Lücke im Lebenslauf zu vermeiden.»

«Ich finde Lücken nicht so schlimm», antwortet Tini. «Zeigt doch nur, dass du deinen Horizont erweiterst und nicht stumpf geradeaus schaust.»

«Sag das mal meinem nächsten Chef. Sofern ich je wieder einen haben sollte.»

«Mach ich», prostet Tini mir zu. «Auf die Lücken. Und darauf, wie du sie füllst. Ich bin sehr gespannt.»

Ich schweige, während ich gezwungen lächelnd mit ihr anstoße. Lebenslauflücken sind die großen Risse in unserem Dasein. Die, die angeblich niemals heilen. Aber manchmal müssen Lücken bleiben, damit sie sich nicht mehr leer anfühlen. Ergibt das Sinn, was ich da denke? Keine Lücke wird sich durch etwas Fremdes nahtlos auffüllen lassen. Lieber darüber Neues bauen, die Lücken Lücken sein lassen, statt sie halbherzig zu verkitten. Es ist schön, wie es ist. Und es ist schön, wie es wird.

Die Bedienung schwebt heran, wir wollen definitiv noch etwas trinken.

Zwei Stunden später ist noch längst nicht alles gesagt. Aber ich bin müde von dem ganzen Bier und den Worten und der Welt. Wir umarmen uns zum Abschied.

«Das war schön», sage ich.

«Fand ich auch», meint Tini. «Gerne wieder.»

«Wir machen demnächst so einen Spieleabend.»

«Klingt grauenhaft. Bin dabei.»

Vor der Kneipe trennen sich unsere Wege. Meine Kaffeemaschine wieder im Arm, schwanke ich die letzten Meter meiner Wohnung entgegen. Ein letzter Abend legt sich über das Bermuda3Eck.

So wenig verändert sich. Ich kann es kaum abwarten.

LIEBLINGSLEBEN

Verdammt, Mann.»

Beiläufig wische ich mir ein imaginäres Spinnennetz aus dem Gesicht und werfe Dr. Mattes einen vielsagenden Blick zu.

Heute Morgen ist uns bewusst geworden, dass sich unser Leben in letzter Zeit nur noch um Arbeit zu drehen scheint. All work and no play.

«Wenn es Arbeitstage gibt», hat Mattes gesagt und mit seiner Brötchenhälfte dirigiert, «muss es doch auch Spieltage geben.»

«Ich würde gerne wieder jeden Tag spielen», habe ich gemeint. «Das muss Arbeit ja nicht ausschließen. Es geht ja beides gleichzeitig.»

Aber da hatte Mattes bereits seinen Mantel angezogen und die Schlüssel in der Hand.

Die Welt erlaubt, zu spielen, hat Robin Williams mal gesagt. Sie ist eine einzige Einladung dazu. Sie spielerisch zu erkunden. Und so sind wir eben *nicht* in einem Buchladen und stöbern, obwohl Mattes dringend am Schreibtisch sitzen müsste. Nein, wir sind nicht in einem Buchladen. Stattdessen tasten wir uns schon seit Stunden mühsam und gebückt durch die verwitterten Katakomben eines antiken Büchertempels, Dr. Mattes und ich, Henriette Croft. In den alten Schriften finden sich vereinzelt Andeutungen auf diesen Ort namens «Lesen und lesen lassen», gut versteckt liegt er, abseits des Bücherdschungels amazon. Und seine Geschichte reicht weiter zurück als die der antiken Kultur der Mayerschen Buchhändler. Nur noch wir zwei sind übrig, der Rest unserer Expedition durch das Bermuda3Eck hat es nicht geschafft. Verdammte Krokodile.

Dr. Mattes kratzt sich nervös am Hinterkopf.

«Erstaunlich», flüstert er dann und fährt ehrfürchtig mit dem Finger die verstaubten Bücherwände entlang. «Das Wissen einer ganzen Generation.»

Vorsichtig wischt er mit der Rechten über einen der Buchrücken. «Hier, hier steht etwas. Aber ich kann es nicht entziffern. Ist es vielleicht Keilschrift?»

«Nee, das ist Schwedisch», sage ich kühl und richte meinen Blick wieder nach vorn. «Wir müssen weiter.»

Ich will einen nächsten vorsichtigen Schritt nach vorn machen, als plötzlich eine donnernde Stimme den Frieden dieser Büchergruft durchschlägt. Wir haben die Wächter des Tempels geweckt.

«Junge Frau, was zum Teufel machen Sie da?»

«Na, ich erlebe ein Abenteuer», antworte ich der Buchhändlerin, während ich mich aufrichte.

«Aha», sagt sie. «Sind Sie da nicht ein bisschen zu alt für?»

Ich kann den Anflug eines Lächelns auf ihren Lippen erhaschen.

«Nur körperlich», sage ich. «Wissen Sie, was das Schlimmste an richtigen Abenteuern ist? Dass man sich nicht vernünftig hinsetzen kann. Überall Fallgruben und Giftpfeile – aber nicht *ein* Stuhl.»

Sie schmunzelt. Ihr glänzendes blondes Haar ist heute in einen Pferdeschwanz gezwängt. Sie wirkt damit älter als bei meinem letzten Besuch. Kurz zuckt ihre Hand zum Kopf, als wolle sie sie wieder in ihrem Haar vergraben. Dann deutet sie verschwörerisch quer durch die Regale in einen anderen Teil des Ladens. Fast unmerklich nickt sie dabei und murmelt leise zu mir herüber: «Dieser Pfad führt Sie zur Leseecke meines Stammes. Keine zwei Tagesmärsche von hier. Mein Volk legt großen Wert auf bequemes Sitzen. Trotz Abenteuer.»

«Danke», sage ich etwas baff, und kurz rutscht meine Stimme in der Tonlage nach oben.

«Ich schulde Ihnen was», murmle ich aber gleich bärbeißig hinterher und nicke ihr einen Abenteurer-Dank zu. Dann stelle ich mir vor, wie sie sich in mystischen Rauch auflöst, obwohl sie nur kichernd hinter einem Regal verschwindet.

Abenteuer sind etwas, das man jeden Tag erleben kann. Wenn man sich darauf einlässt. Jungsein ist etwas, das man jeden Tag erleben kann. Spielen. Ich habe das vermisst, dieses Ausmalen der Welt in anderen Farben.

«Ich glaube, da hinten ist ein guter Lagerplatz für die Nacht», feixt Mattes, sichtlich um Ernsthaftigkeit bemüht. «Ich werde den mal auskundschaften. Wenn ich in zwei Stunden nicht zurück bin, geh ohne mich weiter.»

Entschlossen nicke ich ihm zu und greife mir wahllos ein Buch aus dem Regal, während er in Richtung Kasse verschwindet. Liebevoll streichle ich einen Moment das holzgemusterte Cover. Wenn man Bücher richtig hält, dann lassen sie sich öffnen wie Schatztruhen. So kann man zwar nicht darin lesen, aber immerhin hat man jedes Mal aufs Neue das Gefühl, einen Schatz zu finden. Und da mir diese Aussicht durchaus gefällt, nehme ich mir fest vor, das von nun an so zu machen.

Man kann sich das eigene Leben vielleicht nicht zum Abenteuer machen. Das eigene *Erleben* hingegen schon. Und das ist doch was. Ich muss ja zum Glück nicht mehr *den ganzen Tag* zwölf oder fünfzehn oder zweiundzwanzig sein. Aber ich kann meine Welt so erleben, als wäre ich es. Und ich kann trotzdem arbeiten gehen und einen Haufen Kohle verdienen. Wissen, was ich will, wer ich bin. Den ganzen geilen Scheiß eben, den das Erwachsensein so mit sich bringt. Der das Jungsein erst so *richtig* gut macht. Das Beste aus beiden Welten, sozusagen. Balance eben. Und Ballons. Denn wenn man schwer am Alltag trägt, braucht es manchmal diese Leichter-als-Luft-Ballons, um einen auf den Beinen zu halten. Es braucht Fluchten. Meine – sind diese hier. Und ich weiß nicht so recht, weshalb ich mir die so lange nicht erlaubt habe. Sie sind doch unsichtbar. Also, wenn man nicht gerade gebückt durch eine Buchhandlung kriecht und dabei gesehen wird. Vorsichtig schiebe ich das Schatztruhenbuch zurück zwischen die anderen. Schaue an den Regalen hoch, die sich fast bis zur Decke strecken. Die freundlichen Neonsonnen tauchen das Regaltal in Mittagsstimmung. Am Horizont kann ich Mattes über einen Teppichhügel reiten sehen. Die Hände hinter den Rücken gefesselt, stakst er zu mir herüber. Und grinst dabei. Dann zieht er ein kleines Notizbuch hinter seinem Rücken hervor und überreicht es mir feierlich.

«Ich dachte, eine Frau wie du, die könnte ein Journal gebrauchen, um ihre Abenteuer zu dokumentieren», sagt er. «Du weißt schon, etwas, das Lara Croft dann bei deinen sterblichen Überresten finden kann, wenn du in irgendeiner Höhle von einem Gorilla totgeprügelt wurdest.»

«Was für ein süßer Gedanke», antworte ich, «dass *mich* ein *Gorilla* überwältigen könnte. Eher andersrum. Und in das Buch schreibe ich dann, dass *ich* es war, die den Gorilla umgelegt hat. Mit bloßen Händen. Damit die anderen Affen wissen, mit wem sie es zu tun haben. Lass ich dann als Notiz da liegen.»

«Findest du es sehr verstörend, dass ich den Gedanken irgendwie sexy finde?», fragt Mattes.

«In keinster Weise», sage ich. «Aber: Es wird bald dunkel.

Wollen wir mal versuchen, uns zur Leseecke durchzuschlagen?»

«Ich folge dir unauffällig.»

Wie wunderbar abwegig das alles ist. Und wie wunderbar selbstverständlich zugleich.

Man braucht keine Freunde im Leben, die die eigene Verrücktheit lediglich tolerieren. Man braucht Komplizen. Menschen mit Ganovenehre. Die mit einem gemeinsam zurückerobern, was einen ausmacht, so man sich einmal verliert. In diesen Ansprüchen und ungeschriebenen Gesetzen. Niemand hat gesagt, dass erwachsen sein, dass *reif* sein *langweilig* sein bedeuten muss. Ich habe das nur immer so verstanden. Reif sein ist ja nur eine *verfeinerte* Version des eigenen Charakters. Keine *andere*. Ich werde immer die Henriette sein, die ich mit zwölf war. Die Abenteurerin, die Jungszeug mochte. Die gespielt hat. Nur eben verfeinert. Ausgefeilter. So wie ein Hammer. Egal mit wie viel Hightech man ihn auch zusammenbaut, letztendlich ist ein Hammer immer ein Stock mit einem Stein dran. Und das wird er immer bleiben. Auch wenn der Stein inzwischen aus Metall ist und der Stock aus irgendeinem Kunststoff statt aus Holz.

Und so spiele ich meine Spiele eben inzwischen in Buchhandlungen statt auf matschigen Waldwegen hinter dem Haus meiner Eltern. Ich bin nicht mehr aus Stein und Holz.

«Du redest wieder mit dir selbst», raunt mir Mattes ins Ohr.

«Oh», sage ich. «'tschuldige. Ich musste mal kurz über Werkzeug nachdenken.»

«Nee, is klar», meint Mattes. «Passiert mir auch ständig. Lauf ich durch die Stadt, bleib ich stehen, und zack – Inbusschlüssel – wer sich das wohl ausgedacht hat.»

«Du bist so ein Idiot manchmal», lache ich. «Ich wäre dann

jetzt so weit. Lass uns die Mysterien dieses Ortes weiter erforschen.»

«Meinst du, wir finden unterwegs hier unten ein bisschen verschollenes Nazigold oder so?»

«Ich fürchte, ich muss Sie enttäuschen, Dr. Mattes. Dieser Laden sieht nicht so aus, als würde er Bücher vom Kopp-Verlag führen.»

«Sicher?»

«Ganz sicher.»

Unser Grinsen verheddert sich zu einem Kuss. Dann schlagen wir uns weiter durch, Richtung Leseecke. Der Anblick entlohnt uns für die Strapazen. Unberührte Sofalandschaften breiten sich vor uns aus, ein Horizont aus Beistelltischen, Buchgebirgen. Vereinzelt Kaffeetassen, in die Wildnis gestreut wie rebellische Büsche, die der Landschaft trotzen. Die Schritte darauf zu sind der Abstieg vom Gipfel ins Heimattal. Zurück nach Haus.

Erschöpft versinkt Mattes in einem Sessel neben meinem, klopft sich Staub von den Schultern, pflückt beiläufig drei Bücher aus den Regalstauden und wiegt sie unentschlossen in den Händen. Das kommt mir alles sehr bekannt vor. Aus den Büchern neben mir greife ich die vier heraus, die mir am wertvollsten aussehen. Wahllos schlage ich eine erste Seite auf und beginne zu lesen. Aber ich komme nicht weit.

Es ist schön hier, denke ich nach dem ersten Satz. Zwischen all den Geschichten. Denen in Büchern, denen in Menschen. Drei Seiten später vermag die Geschichte mich noch nicht richtig aus meiner eigenen zu reißen, also lasse ich das Buch sinken. Mattes balanciert immer noch vergrübelt seine drei Bücher auf den Knien.

«Kannste dich nicht entscheiden?», frage ich.

«Nee, nicht wirklich», antwortet Mattes gedankenertrunken. «Die Klappentexte helfen irgendwie nicht. Keine Ahnung, welches ich davon gut finden soll.»

«Dann solltest du unbedingt noch ein bisschen weiter draufstarren und hoffen, dass es dir aus heiterem Himmel klarwird.»

Trotzig streckt mir Mattes seine Zunge entgegen.

«Ich kann doch jetzt nicht einfach drauflosen und nach zehn Seiten aufhören, weil's mir doch nicht gefällt.»

«Na, doch», sage ich. «Warum nicht?»

«Na, weil ...», stockt Mattes. «Macht man doch nicht.»

«Weißt du, wenn ich auf meinen Reisen *eines* gelernt habe», ich öffne theatralisch meine Arme, «dann ist das: im Zweifel den Chef fragen.»

Mit diesen Worten schaue ich mich nach einer der Buchhändlerinnen um.

«Entschuldigung», winke ich sie näher zu mir heran, «die Bücher hier, die darf man anlesen, oder?»

Ihre braunen Augen mustern mich zwei Sekunden skeptisch, bevor sie einmal ungläubig den Raum überfliegen.

«Ja», sagt sie, während sie sich etwas ratlos am Kopftuch kratzt, «das ist ja die Leseecke hier. Also, ja. Dafür ist die ja irgendwie da, nech?»

«Ich frage für meinen Freund. Der traut sich das nicht. Weil er meint, wenn man hier anfängt, ein Buch zu lesen, dann nur um zu bestätigen, dass es natürlich *genau* das richtige ist und man dann auf gar keinen Fall ein anderes kaufen darf.»

Sie versucht, sich ein Grinsen zu verkneifen.

«Da hat er unrecht.»

«Du hast unrecht», gebe ich gestelzt an Mattes weiter. Meine Hände falten sich fast wie von selbst auf meinem Knie.

«Ich hab's gehört», knurrt Mattes. «Aber», sagt er, greift zärtlich meine Hand, führt sie sanft an mein Gesicht und legt meine Finger sorgfältig an meine eigene Nase. «Das gilt nicht nur für Buchläden.»

Dann zuckt er einmal kurz mit den Augenbrauen, bevor er seinen Blick trotzig im ersten Buch versenkt.

«Touché», sage ich. In Buchläden weiß ich schon immer, wie es läuft. Im Leben allerdings noch nicht so lang. *Immer erst den Chef fragen.* Da hilft es, wenn man auch Chefin vom eigenen Leben ist. Das ist man zwar immer, aber Menschen wie ich, die vergessen das oft. Wenn wir uns mitgespült fühlen, überwältigt von der gefühlt endlosen Kraft der Meilensteinstromschnellen. Von Schule, Ausbildung und 18. Geburtstagen. Von Hochzeiten, Deadlines und «alles Gute zum Dreißigsten». Von «in deinem Alter» und «so langsam wäre es Zeit». All das reißt uns manchmal mit, und das Leben fühlt sich an wie Nicht-ertrinken-Wollen in einem Sturzbach. Wir können uns gerade über Wasser halten, aber die Kraft reicht einfach nicht, auch noch an Land zu schwimmen. Also treiben wir weiter, reißt es uns weiter, bis zum Schluss. Aber wenn wir immer nur zum Ufer schauen, wohinter die anderen Flüsse, die anderen Sturzbäche, die anderen Leben liegen, wird es uns immer zu schnell vorkommen. Da werden wir uns fortgespült fühlen. Und ohne Kontrolle. Aber wenn wir den *Fluss* und nicht das Ufer als unsere Referenz sehen, unsere Augen nur noch auf das Wasser richten und nicht auf die Landschaft fremder Leben, die da an uns vorbeirast, dann reißt da auf einmal gar nichts mehr an uns. Wenn ich nur auf das Wasser schaue, in dem ich treibe, dann scheint es stillzustehen. Egal in welchem Tempo die anderen Leben fließen.

«Ich geh mal eine Runde weiter die Katakomben erforschen», küsse ich Mattes.

«Du bist ja erst mal beschäftigt mit Rumprobieren, richtig?»

«Richtig», raunt Mattes, blättert um, bevor er seufzend das Buch zur Seite legt und direkt die nächste erste Seite aufschlägt.

«Versuch Nummer zwei», sagt er mehr zu sich selbst.

Meine Hand streicht noch kurz seine Schulter, dann tauche ich zurück in die Grabkammer aus Regalen und entzünde meine imaginäre Fackel. Wieder unterwegs. Auf unbestimmter Suche. Ich bin gespannt, was ich finden werde. Und wenn es mir nicht gefällt, ist auch das nicht *für immer*. Es wird nur immer das sein, was ich zu *diesem* Zeitpunkt gefunden habe.

Aber ich bin ja nicht festgelegt, jetzt. Ich muss mit dem Suchen deshalb ja nicht aufhören. Ich würde gerne, klar. Aber ich *muss* das nicht.

Das mit dem Leben ist doch wie mit dem Rasierschaum, denke ich, als die Buchhändlermumie dort hinten kurz noch einmal eine Locke unter ihr Kopftuch schiebt, bevor sie in den Regalreihen verschwindet. Das Ausprobieren, meine ich. Man muss das doch. Ziellos stöbere ich die Gänge entlang, immer die Augen zwei Schritte voraus, auf die ganzen Schätze, die hier zu Hause sind. Fest umklammert halte ich das Notizbuch an meiner Seite, eine Hand am Schwertheft sozusagen, und meine Finger pressen nervöse Spuren ins Kunstleder. Man muss doch ausprobieren, denke ich wieder. Viele finden ganz früh den Rasierschaum, der zu ihnen passt. Und bleiben dann dabei. Und dann gibt es aber eben auch Frauen wie mich, für die passt der erste Schaum eben leider nicht, und die stehen mit dreißig, vierzig immer noch da und wollen sich nicht damit abfinden, dass ihnen dieses Zeug jede Woche ein Loch ins Bein brennt. Oder ins Herz. Da würde doch kein normaler Mensch sagen: «Na, aber mit vierzig, da solltest du jetzt doch wirklich aufhören, einen Rasierschaum zu suchen, den du verträgst. Denk doch auch mal an deine Zukunft, Kind.»

Ist klar. Und so ist es doch auch mit Partnern, mit Jobs, mit der ganzen verdammten Lebensgestaltung. Warum soll man bitte schön irgendwann aufhören, sich daran zu stören, dass etwas stört? Wie zum Teufel soll man jemals zu alt sein dafür, etwas zu wollen, das passt? Wie soll man denn zu alt sein dafür, man selbst zu sein?

Ich träume mich weiter durch die Regale hindurch, den Teppich fest unter den Füßen. Das fühlt sich richtig an hier. Also, *hier zu sein*. In diesem Laden. Zwischen diesen Büchern. Darüber zu reden. Ich bin keine Frau, die gerne Fehler macht, wird mir klar. Ich bin nur eine, die keine Angst mehr davor hat. Also warum nicht das hier probieren?

Denn Bücher sind die wundervollsten Tapeten, denke ich noch schmunzelnd, als die Regalreihen schon zurückweichen und mich in das hell erleuchtete Foyer spülen. Ich bin Treibholz, das die Entscheidung fällt, etwas Neues zu tun. Einen Job zu finden, den man lieben und leben kann, ohne sich dabei zu verlieren.

Das Leben schwemmt mich zur Kasse. Die Frau dahinter wirft mir ein flüchtiges Lächeln zu. Und ich entscheide etwas. Wie im Vorbeigleiten greife ich mir einen der akkurat aufgereihten Kugelschreiber.

«Darf ich mal?», frage ich noch, warte aber keine Antwort ab, werfe stattdessen mein kleines Notizbuch auf den Tresen wie einen Anker, bevor ich eine neue erste Seite aufschlage.

Ich bin arbeitslos. Meine Verpflichtungen überschaubar. Was soll mir schon groß passieren? Keine Hypotheken, keine Kinder. Das würde für mich nichts ändern, aber die Entscheidung schwerer machen. Dann beginne ich zu schreiben.

Fülle die erste Seite mit allem, was mir wichtig scheint. Und so viel ist das gar nicht. Vorsichtig, fast zitternd, schiebe ich der strähnchengrauen Frau an der Kasse das aufgeschlagene Notizbuch herüber.

«Bitte schön», druckse ich.

«Was ist das?», fragt sie irritiert, bevor ihr Blick die ersten Zeilen greift.

«Meine Bewerbung», sage ich, fast erleichtert. «Ich würde hier gerne arbeiten.»

Sie stutzt. Dann streicht ihr Finger etwas skeptisch die Seite entlang.

«Hier steht aber gar nichts von einer Ausbildung zur Buchhändlerin ...»

«Darum bewerbe ich mich ja», sage ich. «Ich möchte das lernen.»

Unschlüssig mustert sie mich und dreht eine Locke in ihr langes glattes Haar, in dem sich Hellbraun mit Grau vermischt.

«Sie sind jetzt nicht unbedingt in dem klassischen Alter, in dem man eine Ausbildung anfängt, oder?»

Noch einmal gleitet ihr Blick an mir entlang.

«Ich meine, das ist ja eher was für ... junge Leute.»

«Da haben Sie wohl recht», lache ich glücklich und nicke ihr zu, während ich den Kugelschreiber sorgfältig zurücklege. «Aber so wie ich das sehe», setze ich hinterher, «ist Ende dreißig ja wohl das perfekte Alter, um jung zu sein.»

DANK AN

Luise – für neue Kapitel, Liebe und die Abenteuer, meine Familie Bärbel, Werner und Sebastian – für all die Möglichkeiten und das Wissen um euch, Marco – für Begeisterung und Komplizenschaft, Mu – für die Bereicherung, die du bist, Laura – für die richtigen Fragen zur richtigen Zeit, Freddy – für die innere Sonne, Bülent und Sebastian – weil ihr Gründe seid weiterzumachen, Rieke, Astrid, Kai-Olaf, Jens und Bigs – für die Gedanken zurück, Sandra – für die Blickwinkel, Katinka – für den Beistand und das Vorbild, Dagmar – rocken!, Matthias – für Gespräche über Scheitern und Durchboxen, Johanna – für die Begleitung, Hannes, Olaf, Carmen, Schnobi und Tiede – für ein Zuhause, wo ihr seid.

Tobi Katze
Morgen ist leider auch
noch ein Tag
Irgendwie hatte ich von meiner Depression mehr erwartet

Diagnose: Depression. Behandlung: mit Humor.
In schlechten Phasen starrt er die Raufasertapete an («irre
Action für die Augen»), spricht mit seiner schmutzigen
Wäsche und reagiert nicht auf Anrufe. In guten Phasen
verabredet er sich mit einem Freund – ob er es schafft hin-
zugehen, ist eine andere Frage – oder macht sich Pudding
(«immerhin gekocht»). Sein Therapeut stellt die Diagnose:
Depression. Unterhaltsam und unverblümt erzählt Tobi
Katze von seinem Leben mit der Krankheit, unter der
4 Millionen Menschen in Deutschland leiden. In diesem
Buch werden Betroffene und ihre Angehörigen sich wieder-
finden.

256 Seiten

**«Ein sehr persönliches und damit einzigartiges Buch über
Depressionen, das nicht nur das Prädikat ‹wichtig› ver-
dient, sondern auch das Prädikat ‹absolut lesenswert›.»**
WDR

Weitere Informationen finden Sie unter www.rowohlt.de